UM CABO-VERDIANO PELO MUNDO

UM CABO-VERDIANO PELO MUNDO

SALAZAR FERRO

HERMS PRESS

NEW YORK ▷ NEW ORLEANS ▷ SYDNEY ▷ OXFORD ▷ TOKYO

First published simultaneously in the U.S. and Europe; 2009
by HERMS PRESS
New Orleans, Louisiana & Europe

10 9 8 7 6 5 4 3 2 1

British Library Cataloguing in Publication Data

A record for this book is available from the British Library

Send queries to:

queries@hermspress.com

ISBN: 978-0-9559440-2-4

AGRADECIMENTOS

Os meus agradecimentos às pessoas que leram o meu livro e fizeram correcções tornando assim a sua leitura mais agradável.

Entre outros refiro-me à Maria Cândida, minha colega e amiga nos anos do liceu em Cabo Verde, e muitos outros locais como Moçambique e Portugal;

À Dinora e Fausto, meus cunhados que viveram comigo muitos factos aqui relatados;

Aos meus filhos Amélia, Paulo e Miguel, e meu neto Alexandre, pelo interesse que sempre manifestaram pelos diferentes contos aqui relatados. Isto é razão para lhes dedicar este livro;

À minha mulher Maria Alice por ter vivido estas histórias. Tudo o que aqui está é a história da minha vida e um pouco da sua vida.

Os meus agradecimentos muito especiais ao meu filho Miguel pela ajuda que me tem dado na publicação deste livro.

A todos um muito obrigado.

Salazar

Contents

1. Estudante em Santo Antão e S. Vicente

O autor esteve em contacto constante com a educação, de modo que aqui é apresentada a sua experiência como aluno, professor e como treinador de professores. A sua actividade como estudante começou em Santo Antão e prosseguiu depois em S. Vicente. Conta os seus primeiros estudos com seis anos de idade. Depois de completados os estudos primários em Santo Antão passou a estudar em S. Vicente tendo ali feito os estudos liceais. As férias no Paul foram uma compensação ao fim de cada ano liceal. A terminar refere-se a alguns dos seus professores que tiveram grande impacto na sua vida de educador...

Santo Antão é uma das maiores ilhas de Cabo Verde. Falaremos do que sucedia ali já lá vão uns 50 anos. A população ou estava virada para a agricultura ou para o mar e, algumas vezes, para ambos. A ilha é cheia de vales. Em muitos deles, no fundo, corre uma ribeirinha. Ela vem serpenteando do alto até chegar ao mar. A água vai sendo desviada aqui e além para irrigar as culturas. As propriedades são muito divididas.

1.1 A Minha Terra Natal, Paul, Cabo Verde

Não havia, naquela altura, televisão, cinema, rádio, médico, luz eléctrica, automóveis (nem tão pouco bicicletas), supermercados, telefone, biblioteca, pensões, restaurantes. Não havia nada, mas... que vida maravilhosa lá se passava. O dia teria de ter mais de 24 horas para se poder fazer o que se projectou na véspera. A vida decorria à volta do mar, da ribeira, dos tanques e, à noitinha, à luz da Lua ou das estrelas, no Jardim em frente à Câmara Municipal no Paul, onde se juntava grande parte da população.

Nos meses de Junho, Julho e Agosto todos os lugares se animavam. Os estudantes e outras pessoas voltavam de férias para as suas casas.

O Sol nascia entre as cinco e seis da manhã mas os jovens só se levantavam por volta das oito horas pois deitavam-se tarde e o corpo andava cansado. Depois de tomarem o pequeno-almoço iam passando pelas casas para dar pressa aos mais atrasados e depois dirigiam-se para o largo da Igreja. Havia ali uma amendoeira secular de tronco bastante grosso e uma copa que quase apanhava todo o largo. À sombra da amendoeira o número de meninos ia engrossando a cada momento. Contavam-se anedotas e metiam-se uns com os outros.

Quando o mar estava relativamente calmo nadava-se por longo tempo. Na parte da tarde, em geral, jogava-se futebol e à noite era a hora da música.

1.2 Os Primeiros Estudos em Santo Antão

Antes de ingressar na escola oficial frequentei uma escola particular: a escola do Sr. Augusto Melo. Quando cheguei à sua casa, fui levado para uma sala que seria a nossa escola. Ele estava sentado com alguns alunos à volta de uma mesa que me pareceu bastante grande. O professor olhou para mim e perguntou:

> *Diz-me lá, menino, em que livro é que tu andas?*
>
> *Mim n'dandá na livre, eme tandá na tchon.* (Não ando em livros, ando no chão).

Ele riu-se e os alunos fizeram coro. Depois da escola ele contou o sucedido ao meu pai que se encarregou de espalhar a história que muitos nunca esqueceram. Já com trinta e cinco anos de idade e depois de estar 17 anos ausente de Cabo Verde, voltei a S. Vicente. Meia hora depois de ter chegado chamaram-me para atender o telefone e do outro lado da linha perguntaram-me:

> *Então, em que livro é que tu andas?*

Estive algum tempo a procurar adivinhar quem estaria do outro lado da linha.

> *Daqui é o teu professor, Augusto Melo.*

Foi uma alegria falar com o meu primeiro professor.

A seguir, estudei com a D. Quiquita Almeida. Ela era meiga de modo que os alunos gostavam dela. No ano seguinte entrei para a primeira classe. A professora tinha nascido em Portugal e não entendia o Crioulo. Era obrigado a falar apenas Português que ainda desconhecia. Isto fez com que durante muito tempo eu pedisse aos meus pais mas, sem resultado, que me mandassem para a escola da D. Quiquita. Nos dois anos seguintes fui aluno da D. Felícia Almeida, excelente professora. Deste modo, pude chegar à quarta classe sem contratempos. A quarta classe era o máximo a que se podia chegar em Santo Antão. Muitos deixariam então de estudar ao completar a quarta classe, habilitação mínima exigida para se ser admitido nos serviços públicos.

Na quarta classe as coisas complicaram-se. Logo no primeiro dia de aulas o professor chamou para o quadro um colega de nome Manuel e perguntou-lhe:

Qual foi o título de D. Afonso Henriques?

Título, senhor professor?

O Manuel estava bastante admirado. Não fazia a mínima ideia do significado da palavra título.

Oh meu burro, título sim, ou se preferes, cognome. Anda, diz lá!

A palavra cognome fez rir Manuel e o professor ficou mais irritado.

Não sei senhor professor.

O professor pegou na palmatória e ordenou a Manuel que estendesse uma das mãos.

Quando Manuel viu a palmatória a descer com velocidade afastou a mão e a palmatória só encontrou o ar. Então o professor bateu-lhe na perna. Manuel gritava, saltava, procurava fugir. Tudo aquilo enfureceu o professor ainda mais que não parava de bater. Eu estava aterrado. Além de não saber nada do que significavam as palavras título e cognome não fazia a mínima ideia de quem era D. Afonso Henriques. Era o nosso primeiro dia de aulas na quarta classe.

O professor chamou outro colega mais infortunado e repetiu-se quase tudo o que tinha sucedido com o Manuel embora com menos violência e menos gritos. O dia pareceu-me longo. Quando chegou a hora de voltar para casa ainda não tinha chegado a vez de eu ser interrogado. Respirei fundo e segui para casa. Fui logo falar com os meus pais:

Não quero voltar à escola daquele professor.

A minha determinação era tanta e talvez o meu terror fosse tão visível que os meus pais arranjaram maneira de eu ir para a escola do Sr. António Oliveira, no Eito.

Ficava a uns dois quilómetros de distância da nossa casa enquanto que a primeira escola ficava mesmo ao lado da nossa casa. Também o novo professor tinha fama de duro. Embora tudo isto me tivesse sido dito não hesitei um momento em fazer a troca. Dois dias depois todos os alunos da quarta classe já se encontravam na sala do meu novo professor.

Todos os meus colegas eram rapazes com uma só excepção. Havia uma menina na nossa escola. Ela era bastante delicada e as lágrimas vinham-lhe aos olhos com rapidez. A sua vida na época da palmatória não prometia ser simples. Naquele tempo acreditava-se que a palmatória era um auxiliar precioso da educação.

Decorrida uma semana aproximadamente a minha colega foi apanhada em falta, não tinha feito o trabalho de casa ou não tinha estudado a lição. Então, o meu professor disse-me:

> *Dá quatro "bolachas" à tua colega.*

Peguei na palmatória e dei as quatro "bolachas" tendo em atenção que era uma menina bastante delicada e que chorava com bastante facilidade.

O professor, com a melhor disposição deste mundo e um sorriso maroto, disse-me:

> *Vem cá! Vou-te mostrar como se usa a palmatória para poderes desempenhar bem a missão na próxima vez.*

Deu-me uma palmatoada com tanta força que pareceu que me tinham enterrado mil agulhas na mão. As lágrimas vieram-me aos olhos. Ia retirar-me mas ele disse:

> *Espera menino, só dei uma ainda. Faltam três para fazer quatro.*

Um mês antes de terminarem as aulas ia para o Figueiral onde os meus pais iam fazer a colheita de cana sacarina. Durante o tempo em que lá estávamos (um mês ou dois) tinha que andar uns 15 quilómetros para ir à escola e, no fim do dia, outros tantos para voltar para casa. Havia um tanque mesmo ao lado da casa. Os meus irmãos e eu íamos refazer-nos das canseiras do dia no tanque. Outras vezes percorríamos a propriedade até encontrar uma rocha bastante alta que vinha a pique. Parecia que vinha do céu. Mesmo da rocha saia água em grande quantidade que ao bater no chão tinha cavado uma grande piscina natural. Passávamos ali horas e ao anoitecer vínhamos para baixo ao longo da ribeira, esfomeados como lobos. Os fins-de-semana eram ali maravilhosos e não tínhamos de percorrer aquela grande distância a pé para ir à escola. No entanto, nunca estava inteiramente sossegado pois os trabalhos para serem feitos em casa eram muitos e se não os fizesse a palmatória trabalharia na aula seguinte.

Um dos meus colegas era um pouco mais velho que todos nós. Mais desenvolvido e bastante forte. De um coração de pomba tinha a amizade de todos. Ele foi um dos que parou de estudar depois de fazer a quarta classe e ficou a trabalhar no Paul. Passados quarenta anos perguntava notícias das pessoas do Paul daquele tempo. Perguntei por este meu colega e foi-me dito que como muitos cabo-verdianos faziam ele emigrou para a Europa e ali foi metido no mundo das drogas. Começou por ter perturbações na cabeça e acabou por morrer. Ao ouvir notícia tão bárbara dei um grito de revolta e dor. Este meu colega por causa da sua bondade e amabilidade era presa fácil. Fazia tudo o que podia para toda a gente. Oxalá a sua morte tenha sido o último favor que ele fez à sua gente. Possivelmente muitos fugirão das drogas ao ter conhecimento do que se passou com ele.

1.3 Estudante do Liceu em S. Vicente

Depois de fazer a quarta classe em Santo Antão segui para S. Vicente. Para me preparar para o exame de admissão aos liceus. Ingressei numa escola particular conhecida por “Curso”. Tinha três professores. Um deles, quando se aborrecia com o pouco aproveitamento de algum aluno dizia-lhe:

> *Julgas que entrar no Liceu é pregar dois pares de coices na porta principal, meter a porta dentro e entrar? Estás muito enganado. É preciso estudar e mostrar que se sabe.*

Eu imaginava aquela porta tão grande a ser metida dentro com um par de coices e pensava que devia ser muito difícil entrar no liceu.

No Curso éramos cerca de 20 alunos. Havia raparigas e rapazes. Os "leaders" eram quatro raparigas: Babia, Nass, Zinha e Dadinha. Eram um pouco mais velhas que a maioria dos rapazes e a liderança foram contestadas uma só vez. Num instante uma das meninas tinha pendurado um menino pelos pés, com a cabeça para baixo. Nunca ninguém discutiu a liderança e até no futebol eram as quatro meninas as primeiras a serem escolhidas.

O ano passou normalmente e o único contratempo de que me lembro é que não havia quartos de banho na escola para os rapazes. Os montes à volta faziam essa função. Num certo dia precisei de ir urgentemente aos montes mas o professor disse-me:

> *Senta-te e espera pela hora da saída e nem mais uma palavra.*

Nunca acreditei que pudesse esperar pela hora da saída mas realmente consegui.

O dia do exame de admissão ao liceu chegou. Felizmente pude entrar no liceu sem ser preciso dar os tais dois pares de coices naquelas portas enormes. Naquele tempo, 1948, acreditava-se que as turmas deviam ser só de meninos ou só de meninas. Assim, comecei a nova caminhada agora no liceu com mais 29 meninos. Fui um aluno com média de 11, com poucos 12 e poucos 10, mas sem negativas.

Nas aulas de um certo professor alguns alunos da minha classe fugiam da sala por uma janela, mesmo com o professor presente, ele tinha fama de ver pouco, e iam jogar futebol. Não repararam que o professor ia seguindo os acontecimentos e, sem dizer nada, ia marcando falta aos que iam saindo da sala. Um certo dia, cada um deles recebeu uma carta dizendo que se dessem mais uma falta ficariam reprovados. Foi um abalo geral. Mas um dos meus colegas rapidamente resolveu o problema apagando as faltas de todos. Desta vez o abalo foi dos professores mas o reitor actuou com a mesma rapidez. Chamou um dos meus colegas que era mais “fresco” que os outros e disse-lhe:

> *Disseram-me que foste tu que apagaste as faltas com uma lâmina*

O meu colega, indignado, respondeu logo:

> *Isto é uma grande mentira. Além disso não foi com uma lâmina mas com esta borrachinha.*

E mostrou uma borracha que tinha no bolso.

O reitor não quis certamente dar gravidade ao problema atendendo à idade do meu colega. Ele apanhou apenas um “par de galhetas” e tudo acabou. No entanto o meu colega não parou apesar do susto. No ano seguinte, a nossa professora de Português que não era de brincadeira, viu este meu colega a brincar e disse-lhe:

> *Fulano põe-te na rua.*

O meu colega pôs-se de pé, olhou para ela com ar de desafio, bateu com a mão na carteira e disse bem alto:

> *Não saio.*
>
> *Sai imediatamente,*

disse a professora toda vermelha.

> *Já lhe disse que não saio,*

disse o meu colega, batendo de novo na carteira e mostrando que a sua decisão não mudaria por nada deste mundo.

A professora tocou a sineta. Apareceu logo o contínuo que era bastante forte. Parecia um gigante ao pé dum anão. Ela disse-lhe:

> *Ponha esse aluno na rua.*

Toda a gente sentia que o nosso colega tinha perdido. O que ia fazer um miúdo de 12 anos para enfrentar um contínuo forte. Sim, o meu colega perdeu, mas com dignidade. Disse ao contínuo:

> *Pela consideração que tenho pelo senhor claro que saio mas se fosse a senhora a dizer-me eu não sairia.*

E voltou a bater com as mãos na mesa.

Neste segundo ano as minhas notas foram melhores. A média foi de 12 valores. No entanto depois do exame escrito apanhei um grande susto. Os resultados da escrita demoraram bastante a serem afixados. Encontrei o meu professor de Francês e perguntei-lhe se eu tinha passado ao que ele respondeu com toda a filosofia que lhe era habitual:

> *Como sabes, um bom capitão é aquele que afunda o navio uma vez.*

Bastante preocupado disse-lhe:

> *Mas eu não quero ser um bom capitão...*

Ele riu-se e afastou-se. Depois soube que as classificações não tinham saído porque ele próprio ainda não tinha corrigido os pontos ainda.

Passei para o terceiro ano. Aqui as coisas mudaram muito. Não me entendia com os meus professores de matemática e inglês e em geografia as minhas notas eram negativas. Sentia que em inglês alguns meses de transcrição fonética me tinham feito odiar aquela disciplina. Em matemática não entendia a transição da aritmética para a álgebra. Por outro lado, vim a compreender muito tempo depois que os professores devem mostrar aos alunos como estudar matemática. Pela primeira vez senti a matemática tornar-se inacessível. Vi depois que o professor de matemática pode fazer uma diferença muito grande no aluno. Em geografia, o sistema de decorar deitou-me por terra. Estava mal em três cadeiras e via uma reprovação a aproximar-se. No entanto mexi-me e tentei solucionar as coisas. No fim, consegui passar à tangente mas com uma deficiência em inglês.

No quarto ano voltei a ter problemas com a matemática. O meu novo professor era recém-formado e não tinha conhecimento algum de matemática educativa. Escrevia um problema no quadro e ia chamando os alunos um por um para o resolver. A maioria não adiantava nada quanto à resolução do problema e ele escrevia um zero na caderneta. O professor adoeceu gravemente acabando por falecer. O professor que o substituiu teve de dar 10 valores aos de média zero, 11 aos poucos de média 1, e 12 a apenas um aluno. Ainda estava de saúde quando um dia encontrou o meu pai. Parece que tinham sido colegas. O meu pai perguntou-lhe se era meu professor. Ele procurou o meu nome na caderneta e disse:

> *Sim, o teu filho é meu aluno. Diz-lhe para ser mais aplicado pois tem média de zero.*

Tentei explicar ao meu pai a razão do zero mas nada consegui. Estávamos na época em que o professor tinha sempre razão.

Em inglês, os meus problemas desapareceram. Não porque os meus conhecimentos tivessem melhorado, mas porque descobri uma boa táctica para usar com o novo professor. Durante o período de aulas andava mal e ao chegar ao fim do período a minha média era em geral de 9. Mas naquela altura ainda havia muitos alunos para serem interrogados para que o professor tivesse dados para os classificar. Então ia ter com ele com ar de sabedor e muito resoluto dizia-lhe:

> *Senhor Dr., por favor chame-me pois estou muito melhor e não quero negativa de modo algum.*

Ele desculpava-se dizendo que tinha ainda muitos alunos a quem tinha de interrogar. Por esta razão não devia preocupar-me pois notava que eu estava a melhorar e assim passei a ter 10 em todos os períodos graças à minha táctica.

Sem mais problemas, mas com notas baixíssimas consegui passar no quarto ano com a média de 11 valores. Houve uma altura no fim do terceiro ano, princípio do quarto ano, em que me sentia bastante desanimado com os estudos e estava resolvido a falar com o meu pai, que estava na altura em S. Vicente, para desistir de estudar. Queria ir trabalhar. No entanto, não aparecia a coragem necessária para apresentar a proposta e chegamos assim ao fim do ano escolar.

Entretanto passei para o quinto ano e depois de um primeiro período do género dos anteriores muitas coisas aconteceram que me fizeram mudar profundamente. Em primeiro lugar a minha nova professora de matemática, Dra. Vanda Gomes, era uma belíssima professora e o meu interesse pela matemática voltou de novo e de tal modo que passei a ser um aluno distinto. Passei a saber como estudar matemática, o que é imprescindível naquela idade. Nas outras cadeiras sentia o peso dos anos anteriores mal feitos, mas ia-me aguentando mais ou menos.

Só uma cadeira passou a ser nova preocupação para mim, o português. Os problemas apareceram durante as festas do Carnaval. Nesta altura ninguém se preocupava com os livros devido às muitas actividades carnavalescas. Numa segunda-feira fui chamado à lição de Português. Na altura a professora explicava alguns conceitos de latim que acredito fossem simples mas não havendo livro, só de ouvido e sem motivação para tal assunto, eu estava em branco. Como resultado tive um 9 com um ponto de interrogação. No dia seguinte foi a terça-feira de Carnaval e naquela altura as pessoas só estavam interessadas no Carnaval. Ao terceiro dia fui de novo chamado e o 9 interrogado passou a ser um 9 firme. Para maior surpresa fui ainda chamado na quinta-feira e o 9 passou a 8. No fim da aula a professora quis ter uma conversa particular comigo em que me aconselhou a comer umas gemadas e avisou-me que eu não teria nota em português para ir a exame. Nunca compreendi a finalidade das gemadas e pouco me preocupei com o facto de não ter nota para ir a exame, pois estava bem nas outras disciplinas e podia ir a exame com ou sem nota em português.

Outro pormenor que me fez amadurecer bastante foi começar a namorar a menina que viria a ser a minha mulher. Senti-me na obrigação de estudar para ser bem sucedido. Faltavam três meses para os exames quando comecei a estudar intensamente, a ritmo cada vez mais crescente, doidamente. Estudava quase sempre até à meia-noite e às cinco da manhã estava já a começar de novo. Aproveitava todos os momentos para estudar e naquela altura já sabia como me defender nos estudos.

Tentei aproveitar um explicador mas ele tinha uns 20 alunos ao mesmo tempo e cada um com a sua disciplina. Ele só podia dispor de uns poucos minutos para cada aluno. Desisti e arranjei um explicador de português que era um aluno do sétimo ano e que foi bastante útil para mim. Havia dias em que quase não dormia.

Quando chegou o exame passei na prova escrita com a média de 14 valores na secção de Ciências e 12 na de Letras. Se tivesse feito um bom terceiro e bom quarto anos teria tido muito melhores médias mas de qualquer maneira o meu trabalho foi bem recompensado. A partir daquela altura nasceu uma pessoa completamente diferente para os estudos mas que ia pagar bem caro o esforço desumano feito no quinto ano. Segui para Santo Antão para as férias e logo no segundo dia fui para cama com febres altas que não me abandonaram durante quase todas as férias. Às vezes paravam para voltar pouco depois. Fui visto por vários enfermeiros de Santo Antão, mas nenhum conseguia explicar a razão das febres. Entretanto, com as férias quase a terminarem desembarcou um médico na Ponta do Sol. Foi logo arranjado um jipe para me levar à Ponta do Sol para ser visto. Quando lá cheguei as febres tinham desaparecido e a recuperação tinha começado.

Quando voltei para S. Vicente para o sexto ano já estava bom de todo e era um aluno completamente diferente que ia fazer os dois anos finais do liceu. Estudei constantemente e procurei nunca acumular matérias e com muito menor esforço que no quinto ano consegui terminar o liceu com a média de 18 valores tendo dispensado das provas orais em todas as disciplinas.

As minhas responsabilidades aumentaram bastante naqueles dois anos tendo todos os meus irmãos a estudar em S. Vicente numa casa que alugamos para este efeito. Procurei dar-lhes o exemplo na maneira de estudar e em tudo procurei ser para eles o pai que estava ausente embora nos tratássemos com a amizade e carinho de irmãos.

O namoro com a minha futura mulher consistia fundamentalmente em trocar olhares das janelas do liceu durante o dia, acompanhá-la até metade da distância do liceu à casa dela e à noite rodear a Praça Nova com ela. Ela tinha-me proibido de me aproximar da sua casa e dizia-me que não queria que se dissesse que as minhas notas pudessem diminuir por causa dela. Esta preocupação, no entanto, era inútil pois eu tinha-me entregado aos estudos duma maneira metódica e inteligente.

O meu único passatempo era fazer ginástica. Pertenci a um grupo que ficou conhecido por "Sétima classe". Os elementos eram escolhidos entre os melhores de cada turma tendo atingido um nível tão bom que por algumas vezes fizemos apresentações públicas bastante apreciadas. Uma delas foi feita para o Presidente da República Portuguesa que visitava Cabo Verde. O responsável pela ginástica no liceu era o Prof. Daniel Leite, um professor que se dava muito bem com os alunos sendo bastante respeitado e querido. A Sétima classe treinava regularmente e próximo de qualquer apresentação treinava diariamente. Este era um dos meus passatempos favoritos.

Além do que era habitual procurávamos aperfeiçoar algumas actividades especiais. Assim, treinei um salto em que tinha de transpor um obstáculo comprido deslocando-me no ar com a cabeça para a frente e o corpo na posição horizontal e paralelo ao obstáculo. Depois de o transpor mergulhava num colchão junto a este e aí dava um salto de peixe, sem tocar o obstáculo. Outro dos meus preferidos era fazer exercícios enquanto me equilibrava numa barra a uns três metros de altura, e terminava a saltar à corda na barra. Finalmente, gostava de correr dando saltos mortais sem nenhuma protecção.

O futebol era também um dos meus passatempos favoritos. O lugar que eu em geral ocupava era o de guarda-redes. Dos jogos nos quais participei um ficou célebre. Foi entre o quinto ano do liceu e a selecção do resto do liceu. O quinto ano tinha um bom grupo sendo alguns dos elementos jogadores das equipas de futebol que faziam o campeonato. Era muito difícil ser vencido por qualquer outra equipa. Joguei na selecção do liceu e todos esperavam que fossemos vencidos facilmente. Como era guarda-redes esperava-se que eu tivesse um trabalho difícil. De facto assim foi, mas a equipa do quinto ano não conseguiu meter um único golo. Como resultado da minha actividade fui convidado no fim do jogo para alinhar na Académica de S. Vicente. Ainda me treinei uma vez na Académica mas o número de horas dispendidas era demasiado. Estava no sétimo ano e tinha os exames à porta. Tive que declinar o convite. Aliás, pouco tempo depois teria de seguir para Coimbra. Os estudos passaram a ser tão importantes que não iria permitir que fossem prejudicados com o futebol embora fosse uma actividade que me agradava de maneira notável.

Deixei de me divertir como faziam os meus colegas. Até deixei de jogar futebol nos encontros particulares e deixei de ir a festas. Passei a dormir poucas horas. Às quatro da manhã como não havia electricidade ia estudar junto ao portão do "telégrafo" debaixo duma lâmpada que estava sempre acesa.

Terminado o liceu falei com o meu pai sobre o meu futuro. Ele atravessava uma grave crise económica que eu acompanhei desde os 14 anos de idade e que vi piorar de ano para ano. Disse-lhe que iria para Angola procurar trabalho. Não queria sobrecarregá-lo mais. Ele não concordou comigo e disse:

> *A minha situação económica não podia ser pior como sabes pois nunca te escondi nada, mas quero que vás para Coimbra. Farei todos os possíveis para estudares.*

Fui matricular-me. Sempre pensei em tirar o curso de medicina, mas ao preencher os impressos em vez de medicina escrevi matemática. A escolha ficou feita. Naquele ano dois dos meus colegas e eu próprio tínhamos tido médias de 16, 17 e 18. Tentamos obter uma bolsa de estudos do liceu, mas o reitor disse-nos que o liceu estava sem fundos e que portanto apenas nos daria uma ajuda de 500 escudos apenas, até Fevereiro. A partir daquela data teríamos de nos arranjar dando explicações ou fazendo alguma outra coisa. Foi nessas condições que seguimos para Portugal para frequentar a Universidade de Coimbra.

1.4 Férias no Paul

Quando era aluno do liceu, voltava ao Paul nas férias do Natal, Páscoa e grandes. Numa das férias do Natal viajei no Falucho Ponta do Sol. O mar estava picado e o vento escasso. O navio demorou quatro dias a chegar ao Paul. Os botes não conseguiram fazer-se ao mar para chegar ao navio durante dois dias. O dia do Natal foi passado a bordo olhando para terra.

Costumava comprar em S. Vicente as prendas de Natal dos meus pais para os meus irmãos e para mim próprio. Ao chegar ao Paul a minha primeira actividade era ir cortar um ramo de pinheiro para fazer uma árvore de Natal. Cada um de nós costumava ter apenas um presente dos pais. Ainda me lembro do presente que mais apreciei: uma pistola de água. Ela fez a minha felicidade durante muito tempo. Hoje em dia vejo os meninos receberem dezenas e dezenas de prendas, algumas bastante sofisticadas, e vejo com tristeza que grande número deles não liga importância nenhuma à maioria dos brinquedos. Durante o ano os meus brinquedos consistiam dum arco que me acompanhava para todo o lado, uma bola de futebol que era usada diariamente e um navio de pau de purgueira feito por mim mesmo a imitar um dos muitos veleiros de Cabo Verde. Durante o dia fazia corridas dos pequenos veleiros na ribeira com amigos. Era uma vida simples, agradável e saudável.

Depois dos 14 anos tornei-me naturalmente o guardião dos meus irmãos mais novos. Diariamente organizava um jogo de futebol entre os jovens de 8 a 11 anos que representavam Pombas e Paul de Baixo. O grupo do Paul de Baixo era formado, em geral, pelos filhos de marinheiros. O meu irmão mais novo jogava sempre na equipa deles para poder jogar contra outro dos nossos irmãos. Eu tinha a confiança dos dois grupos de modo que era árbitro em todos os jogos, tendo ainda a obrigação de fornecer bola e balizas e de resolver todos os problemas que apareciam durante o jogo. Muitos adultos iam assistir e às vezes o barulho era bastante grande. Acabado o jogo íamos para um campo grande ao lado da ribeira. Desta vez os mais pequenos assistiam e os meninos maiores e alguns adultos jogavam.

Quando começava a escurecer ia para a ribeira preparar o meu "cafacho" que era um cone feito de canas de caniço. A ribeira era cercada com pedras e a água era conduzida para o meio da ribeira por uma abertura feita propositadamente. O cafacho era aí colocado de modo que a água passava através dele. Os camarões que se deslocavam com a corrente ficavam aí presos. Ao nascer do dia ia à ribeira tirá-lo da água. Encontrava no cafacho entre um a cinco quilos de camarões. Os maiores eram cozidos e servidos ao almoço ou ao jantar e também conservados em grandes frascos. Boa parte era oferecida pelos meus pais a amigos. Os mais pequenos eram usados para isca.

A pesca no mar era efectuada na parte da manhã. A maior parte das vezes ia pescar das rochas e das pedras enormes mas de vez em quando pescava de bote o que não era muito agradável porque a ondulação do mar era sempre muito grande no mar do Paul mas a quantidade de peixe que apanhava era sempre grande o que era um bom incentivo.

Tinha um bote chamado Vuca que me tinha sido oferecido por um carpinteiro chamado Chico. Era um bote pequeno que levávamos tanto para o tanque como para o mar em dias de pequena ondulação. Às vezes, usávamos aquela casca de noz para ir bastante longe de terra. Em geral levava todos os meus irmãos comigo. Se o bote se virasse por qualquer razão havia o problema do grande número de tubarões que existiam por toda a parte. Ao pensar nisso fico espantado por ter feito uma imprudência tão grande.

Se o mar estivesse mau andava a cavalo. Quando o meu pai tinha cavalo era esse que eu montava quando não tinha, montava o do meu tio ou o cavalo de algum amigo. Vivíamos no Paul como uma grande família de modo que ficavam contentes por me fazerem um favor ao mesmo tempo que o cavalo se exercitava, pois muitos só o usavam quando precisavam de se deslocar o que era raro. Andava a cavalo pelas ribeiras, a galope, a correr ou a passo. Não tinha destino certo e depois de algumas horas voltava para casa. A maior parte das vezes ia sozinho mas, em certas ocasiões, arranjava um companheiro e o passeio era mais agradável.

O gosto pelos cavalos veio do meu pai e muito cedo, ainda com poucos anos, o meu companheiro de todos os dias passou a ser um cavalo de pau de vassoura.

A atracção pelos cavalos foi passando para os outros elementos da família e hoje é o meu filho Paulo e a família que estão mais ligados aos cavalos.

Uns dias antes de ir para o Paul para uma das férias grandes tinha estado numa festa com aquela que seria a minha mulher muitos anos mais tarde (eu tinha 13 anos na altura e ela faria 13 anos alguns meses depois). Dançamos uma morna e senti que gostava dela. Disse-lhe que gostava de dançar mornas com ela. Não respondeu mas julgo que entendeu a mensagem. Soube que ia passar as férias no Paul e naquele ano, pela primeira vez, as férias não souberam tão bem com a impaciência de a ver. Finalmente ela chegou com a família e andei a ganhar coragem para lhe dizer que gostava dela. Num certo dia disse-lhe que tinha um assunto para lhe falar. Entretanto, ela foi passar uns dias noutro sítio e quando voltou pensei que não se iria interessar por mim e nada lhe disse até ao fim das férias. No dia em que embarcou de volta para S. Vicente estive sempre a olhar para o navio que a levaria (Senhor das Areias). Os apitos no momento da partida já se faziam ouvir e entreguei-lhe uma folha de papel que tinha uma única palavra. Não tive nenhuma resposta, mas compreendi pelo seu olhar que tinha sido bem recebida. Ao voltar a S. Antão, por minha culpa, as coisas arrefeceram, para não dizer que gelaram. Quando, pouco tempo voltou o interesse, desta vez muito mais forte, mas encontrei uma recusa que se conservou por um ano ou talvez mais.

1.5 O Encontro com a Cruz que Baloiçava na Estrada

Poucos dias depois de completar o sétimo ano recebi uma mensagem do liceu dizendo que tinha apenas dois ou três dias para entregar todos os documentos para ingressar na universidade. Já não tinha tempo para pedir os documentos para o Paul e recebê-los dentro do prazo referido na mensagem de modo que resolvi ir a Santo Antão buscá-los e voltar imediatamente para entregá-los pessoalmente. Nesse dia seguia para o Porto Novo um navio à vela (S. Vicente) e decidi embarcar nele. A minha antiga professora no Paul, D. Felícia Almeida, nessa altura professora do liceu, muito boa amiga da família, perguntou-me como é que eu ia conseguir os documentos. Expliquei-lhe que seguiria naquela tarde para o Porto Novo e caminharia a pé os 40 quilómetros. No entanto tentaria arranjar um cavalo no Porto Novo. Ela não concordou que eu fosse sozinho. Eu já tinha 18 anos, mas ela disse-me que alguns presos tinham fugido da prisão e estavam a assaltar pessoas no caminho entre o Porto Novo e o Paul. Aquela era a única possibilidade que eu tinha para arranjar os documentos e portanto levei a ideia avante. Para me "proteger" comprei uma lanterna de pilhas e uma navalha que pelo tamanho mais parecia uma limpa - unhas.

Assim "armado" e com o pensamento cheio de conselhos que me tinham dado, segui no veleiro S. Vicente. O navio saiu aí por volta das duas da tarde, mas contra o que era habitual naquele dia, não havia vento nenhum entre as duas ilhas. O navio foi-se arrastando preguiçosamente e só chegou ao Porto Novo por volta da meia-noite. A viagem que em geral era feita numa hora foi feita em 10 horas. De qualquer maneira o meu objectivo era estar no Paul às oito da manhã.

Àquela hora toda a gente dormia no Porto Novo e não quis ir acordar ninguém para me arranjar um cavalo. Pus-me logo a caminho para não perder tempo. Não havia luar nesse dia. A noite estava muito escura e no céu podiam-se ver milhares de estrelas. Acendi a minha lanterna de pilhas e lá segui. Em pouco tempo o Porto Novo ficou para trás e comecei a subir. Eram 20 quilómetros a subir até à cratera do vulcão na Cova e 20 quilómetros a descer até ao Paul.

A escuridão era completa, mas a lanterna seria uma maneira de me dar a conhecer de muito longe aos possíveis salteadores. Poderiam assim preparar uma emboscada com bastante antecedência de modo que a apaguei e segui o meu caminho. Procurava não fazer barulho a caminhar para não denunciar a minha posição.

Pus-me a pensar em coisas antigas que o meu pai me contava. Uma vez ia naquela mesma estrada quando encontrou um homem montado num burrinho. Ele convidou o meu pai para irem juntos. O meu pai agradeceu, mas recusou pois ia montado num cavalo que de certo iria muito mais depressa que o burrinho. Despediu-se e o cavalo tomou a dianteira e afastou-se do homem rapidamente.

Depois de caminhar meia hora viu à sua frente alguém montado num burro e a sua admiração foi enorme ao verificar que era o homem do burro que tinha ficado atrás. Sem dizer nada ao homem pôs o cavalo a trote e lá seguiu por mais outra meia hora. De novo o homem apareceu-lhe pela frente seguindo montado pachorrentamente no burrito enquanto se ouviam gritos de aflição como se fosse uma mulher em trabalho de parto. Desta vez, aterrorizado, pôs o cavalo a correr. Perto daquele sítio morava um amigo do meu pai. Ele dirigiu-se para lá, acordou o amigo, contou-lhe tudo o que tinha acontecido e pediu-lhe guarida.

No dia seguinte, quando se preparava para partir de novo, viu o homem do burrito. Disse ao amigo:

Aí está o homem de quem te falei.

Dirigiram-se para o homem do burrito e o amigo do meu pai contou-lhe tudo o que o meu pai lhe tinha dito e pediu-lhe para explicar como conseguia chegar sempre à frente do cavalo.

Muito simples. Começando pelos gritos também os ouvi e não tem nada de estranho. Era apenas uma bananeira no momento em que o cacho nascia.

E como é que o senhor aparecia à minha frente quando eu o deixava atrás?

perguntou o meu pai em tom acusador. O homem riu e explicou:

Também muito simples! O senhor seguia pela estrada e eu seguia sempre pelos atalhos encurtando o caminho.

Continuando o meu caminho procurava não fazer barulho a andar para não denunciar a minha posição. Depois de caminhar por mais duas horas vi, de repente, uma cruz baloiçando na estrada como que em andamento. Parei e olhei com cuidado e não havia dúvida: a cruz deslocava-se para a direita e para a esquerda baloiçando. Estava aterrado com aquela grande cruz, maior que uma pessoa, a baloiçar e andar. Então, ao mesmo tempo que acendia a lanterna, gritei querendo mostrar segurança, mas decerto com a voz alterada pelo terror que me possuía:

Quem és tu?

Respondeu-me uma voz ainda mais aterrada que a minha:

Sou cristão! Sou cristão!

Então, compreendi tudo. A cruz não era mais que um homem que carregava rondas de tabaco na cabeça e mais outras cargas que iam em cima do tabaco. O corpo dele e as cargas pareciam uma cruz e com o caminhar, a cruz ia dum lado ao outro da estrada, baloiçando. Íamos os dois com medo de modo que o encontro foi bom para ambos. Falámos algum tempo, mas depressa conclui que a andar tão devagar nunca mais chegaria ao Paul. Disse-lhe que apreciava bastante a companhia, mas tinha de seguir mais depressa. Pouco tempo depois já estava de novo sozinho.

Quando cheguei à cratera do vulcão, na Cova, já se notava o raiar do dia. A cratera é uma enorme planície, rica sob o ponto de vista agrícola. A estrada passa por dentro da cratera. A estrada estava cheia de bois e vacas a pastar. Acredito que os bois e as vacas não iriam atacar-me, mas não me sentia com coragem para passar no meio deles. Subi nas rochas até estar certo que os bois e as vacas não poderiam ir até mim ali. Fui a caminhar muito devagar paralelamente à estrada até tê-los a uma distância considerável. Desci então para a estrada e segui com todos os sentidos alertas.

Depois de atravessar a cratera apareceu-me à minha frente, todo o Vale do Paul. Já era dia e podia ver o vale até ao mar. Distinguia perfeitamente o castanho das montanhas dum lado e do outro, o verde da vegetação. Por fim, podia distinguir o mar azul e o céu dum azul muito mais claro. Parei um bocado a admirar aquela beleza da natureza.

Quando comecei a caminhar mais uma vez tive um pouco de dificuldade porque a inclinação da estrada era demasiado grande e só sentado me sentia seguro em deslocar-me. Fiquei a pensar como seria possível aos cavalos descer naquele sítio tão escorregadio, inclinado e perigoso. Em pouco tempo atravessei aquele troço de estrada. Lá em cima já corria água pela ribeira que ia até ao mar. A água, era pura e gelada. O caminho agora era sempre a descer. Antes das oito horas da manhã já estava na vila. Encontrei os meus pais a sair de casa para o seu passeio matinal. Expliquei-lhes o que precisava, tomei o pequeno-almoço e atirei-me pesadamente sobre a cama começando logo a dormir como uma pedra.

Ao meio-dia os meus pais acordaram-me e disseram-me:

> *Todos os documentos estão prontos nesta pasta. O Paul* (um veleiro do meu pai) *está na Janela e vai partir. Deves seguir já. Um bote estará no cais à tua espera e levar-te-á ao Paul que já estará a navegar.*

Em pouco tempo, já estava pronto a despedir-me dos meus pais. O facto do navio já ter as velas içadas pôs-me um pouco nervoso pois não poderia perder o navio. Assim, em vez de ir pela estrada resolvi ir pela beira-mar até um sítio em que a praia desaparecia, pois ali o mar ia bater na rocha que subia verticalmente. Tinha que esperar até o mar se afastar da rocha. Então, a correr atravessei com o mar pelos joelhos. Fui bem sucedido mas não permiti a um irmão mais novo que me acompanhava, fizesse o mesmo. Assim ele regressou à casa e eu segui sozinho. O caminho agora era através dum túnel na rocha. O lugar não era utilizado por ninguém pois às vezes as pedras deslocavam-se do cimo do túnel tornando-se perigoso. Felizmente, tudo se passou sem contratempos e pouco depois já estava do outro lado do túnel, no caminho. O percurso foi assim reduzido grandemente e vi com satisfação que o veleiro pouco tinha progredido, pois havia falta de vento. Em pouco tempo cheguei à Janela e o bote que me esperava pôs-me logo no navio. Pediram ao bote que rebocasse o navio e em pouco tempo passávamos o Ilhéu do Boi entrando no canal e o vento começou a encher as velas. Em menos de duas horas estava em S. Vicente, tendo ido logo ao liceu entregar os documentos, ficando assim feita a minha matrícula.

1.6 Alguns dos Meus Professores

Tive um grande número de professores na Escola Primária e no Liceu. Quero referir-me a alguns que tiveram grande impacto na minha formação e que pelos seus exemplos definiram a minha maneira de ser.

Cumprimento estes educadores pelo que me puderam mostrar como ser o melhor possível na minha profissão. Estou também grato aos que me mostraram os métodos e as qualidades humanas que nunca devem ser seguidos. Tanto uns como outros foram muito úteis para mim, na definição do meu futuro como professor. Vou referir-me a alguns com alguns pormenores embora muitos outros pudessem aqui ser referidos.

Fui professor durante 42 anos e embora relate algumas características dos meus professores muito superficialmente, junto o que o professor Barry Phillips disse na cerimónia da minha reforma e peço aos que me conheceram para verem que muito do que aí está reflecte a maneira de ser desses professores que me impressionaram quando fui seus alunos. A todos muito obrigado.

DONA FELÍCIA ALMEIDA

Na segunda e terceira classe fui aluno da Dona Felícia Almeida, excelente professora. Assim pude chegar à terceira classe sem contratempos. Ela tinha o respeito de professora mas um muito especial. Pelo seu trato tão amigo, pelos cuidados que tinha para com todos, habituei-me a ver nela uma pessoa muito especial.

Alguns anos depois de ser minha professora foi também da minha futura mulher, na altura com 12 anos de idade e os laços de amizade foram assim crescendo com o tempo. Quando nos casamos foi naturalmente a madrinha do meu casamento. Quando a minha mulher publicou os livros, *As Minhas Asas* e *Flores Silvestres,* ela foi a apresentadora dos livros. A minha mulher nesta altura disse:

> *Por esta Senhora com letras bem grandes, por esta professora que ainda hoje nos dá lições de toda a ordem, por esta amiga dos seus amigos, incansável e incomparável... Não me posso esquecer desta pessoa carinhosa que passou o meu vestido de noiva a ferro, que me pôs o toucado com mãos de fada madrinha para que eu pudesse ser feliz.*

Quando visitávamos a dona Felícia, em Lisboa, ela tinha num grande corredor inúmeros embrulhos para diversas pessoas a maior parte delas em Cabo Verde. Pensava que os embrulhos desapareceriam quando o próximo navio partisse mas estava enganado. Os embrulhos seguiam e outros vinham ocupar o lugar dos que partiam, ficando a esperar o próximo navio. Também verificamos que se encarregava de resolver vários problemas de pessoas ausentes. Era uma pessoa em quem se podia confiar.

Sinto-me honrado de ter tido a sua irmã D. Quiquita, como minha professora quando tinha seis anos de idade, e dois anos mais tarde a D. Felícia. Reparo agora que fui um dos seus alunos mais antigos.

Foi uma professora que nunca usou o castigo físico como era habitual e, se havia alguma coisa a reprovar, bastariam as palavras. D. Felícia foi minha professora apenas na segunda e terceira classe mas nunca deixou de se interessar com o que comigo se passava, com as minhas escolhas, os meus projectos, enfim era uma verdadeira pessoa de família que não só se interessava como dava conselhos sábios.

Como dissemos D. Felícia não acreditava no castigo físico. Pelo contrário tratava os alunos com amizade, às pessoas que se relacionavam com os alunos com educação e respeito e em pouco tempo fazia deles amigos. Só assim se compreende que D. Felícia tenha tantos amigos e seja a pessoa que todos pedem para tratar dos assuntos importantes. Como diz muito bem a minha mulher é incansável e incomparável.

ENGENHEIRO ARNALDO MARIANO

Fui seu aluno quando estava no sexto ano (neste momento equivalente ao 11º ano). Ele acabava de se formar naquela altura. Foi meu professor de Física. O engenheiro Mariano atraiu-me pelo à vontade que punha no tratamento e pela sua amabilidade. Falava com os alunos como se fossem seus colegas. Era um colega mais velho em quem depositávamos toda a confiança. Não nos sentíamos acanhados em ter com ele todas as conversas e sabíamos que ele nos compreendia. Gostávamos dele como professor o mesmo sucedendo com a disciplina que nos ensinava.

Ele mostrou-nos que a Física era complicada e acabava por concluir que tínhamos de estudar e tudo se tornaria fácil. Disse-nos que ele também tinha de estudar para preparar o que nos ensinava.

Quando se casou convidou-nos para o seu casamento. Foi um casamento em que todos estavam felizes. Pelo meu lado acontece que a noiva era minha prima e o irmão da noiva, o Osvaldo, era meu colega de turma, sendo uma pessoa muito estimada.

Alguns anos mais tarde, talvez 10 fomos viver em Moçambique e muitas vezes nos deslocamos a João Belo e íamos visitar a sua família. Era um passeio que fazíamos com bastante prazer. Por sua vez quando vinham a Lourenço Marques visitavam-nos e os momentos de satisfação eram bastante grandes.

Este é em linhas gerais o meu querido professor a quem, a idade de muitos, levava-os a tratarem-no pelo nome próprio mas, no meu caso, queria que se notasse que ele era o meu professor e no tratamento como Engenheiro Mariano estava toda a amizade e admiração que tinha por ele.

Ele soube ensinar-nos atendendo primeiro aos anos que tínhamos e fazendo-nos responsáveis pelos nossos actos, mostrando-nos que tudo dependeria de nós. Por outro lado tínhamos toda a confiança nele e as nossas conversas não seriam possíveis com outros que pensariam que nada tinham a ver com aqueles assuntos.

DRA. MARIA VANDA GOMES

Foi minha professora no sexto e sétimo anos de matemática. Era uma excelente professora. A nossa amizade apareceu pelo interesse que tínhamos pela matemática. As suas aulas eram seguidas com muito entusiasmo. Eram aulas que não cansavam e o meu interesse pela matéria ia crescendo conforme íamos progredindo nos estudos.

A acrescentar a tudo isto ela era amiga da minha mulher de modo que tudo se conjugou para uma grande amizade entre os três.

A certa altura fomos para Lourenço Marques e anos mais tarde ela mostrou interesse em ir *lá* viver. Quando a minha mulher foi falar com a madre superiora dum colégio esta ficou encantada com a ideia pois tinha sido colega da Dra. Vanda. Porem os projectos não se realizaram pois ela veio a casar-se e acabou por desistir da ideia.

Tenho saudades da Dra. Vanda e lembro-me principalmente da maneira responsável como conduzia as aulas, do interesse que punha na matéria e da atracção que tudo representava para mim.

O meu entusiasmo pela matemática foi devido aos dois anos em que tive a Dra. Vanda como professora e mais tarde a escolha da profissão de professor decorreu naturalmente como complemento.

DR. GREGÓRIO CHANTRE

Foi meu professor de Geografia no terceiro ano mas eu era muito novo e a matéria, ainda não tinha muito interesse para mim. Não vi no meu professor as qualidades que vieram a tornar-se evidentes mais tarde.

Foi de novo meu professor no sexto e sétimo anos em Organização Politica e Desenho.

Nas aulas de Organização Política ele gostava que os alunos discutissem os conceitos expostos mas a idade ainda não era apropriada para discutir os assuntos como faria um jurista. Mas muito ganhamos com a ideia. As de Desenho eram muito interessantes e a maneira como se dava com os alunos daquela idade encantou-me bastante. Entretanto também foi o director do 3º. Ciclo o que veio reforçar a maneira excelente como o Dr. Chantre se dava com os alunos.

Nas aulas de Desenho gostava imenso que discutíssemos as possíveis soluções e sem duvida daria um excelente professor de Geometria Descritiva.

Depois de me ter formado tivemos o Dr. Chantre e a esposa connosco em Coimbra e foram muito agradáveis os dias em que estivemos juntos. Era uma pessoa de conversa muito agradável. Disse-me que foi aluno de Engenharia e certamente foi esta a razão que lhe deu a habilidade de ensinar as cadeiras pertencentes ao ramo da engenharia.

O Dr. Chantre representou um exemplo a seguir não só na seriedade que punha no que ensinava como também na profundidade como cobria as matérias. Era um professor de Desenho (Geometria Descritiva) exemplar e fazia tudo de modo a ser um curso que pudesse atrair os alunos.

2. Os Veleiros Ponta do Sol e Carvalho

A vida da minha família foi bastante influenciada pelos navios que o pai foi adquirindo ao longo dos anos. Fala-se dos momentos em que os navios passaram por diversas tempestades, da compra de um motor para o Carvalho cujo quantitativo foi deixado esquecido no táxi que nos transportava...

O meu pai teve sempre um navio a fazer a carreira entre o Paul e S. Vicente. O primeiro foi o Falucho Ponta do Sol mais conhecido apenas por Falucho. Tinha só um mastro e era um dos navios mais pequenos que navegavam em Cabo Verde naquela altura. Viajei nele muitas vezes. O capitão era o Sr. Joaquim de Nhó. Era um capitão dos tempos antigos. Na altura não se exigiam muitos conhecimentos aos capitães de modo que devia ser o único que não sabia ler e escrever. Tinha bons conhecimentos práticos. Pela posição dos astros previa as marés o que era de grande importância para os navios à vela. Assim ele navegava, tendo em devida conta as marés e o vento que ele lia olhando para o céu.

O Falucho era pequeno de modo que não tinha lastro fixo para não prejudicar a quantidade de carga carregada de Santo Antão para São Vicente. Em geral não havia carga de S. Vicente para Santo Antão de modo que normalmente tinha de receber um lastro de pedras que deitavam no mar em Santo Antão, antes de receber as cargas, no regresso. Isto veio a ser a causa do seu afundamento. Numa das viagens de Santo Antão para São Vicente, os tripulantes em vez de atirarem para o mar as pedras que tinham sido usadas para lastro, não só as conservaram como as deixaram no convés. A finalidade era regressarem depressa pois era época de festa em Santo Antão e conservando o lastro não teriam de esperar que um bote as fosse fornecer. Assim o centro de gravidade do navio foi elevado e ao sair do Porto da Janela a primeira rajada de vento virou o navio que se afundou imediatamente. O seguro estava atrasado alguns dias de modo que a companhia recusou-se a fazer o pagamento.

Também havia o Carvalho que era um palhabote. Tinha dois mastros e normalmente navegava com quatro velas. Numa certa altura o navio foi inteiramente renovado e fazia a viagem inaugural de S. Vicente para S. Antão. Como o vento soprava de frente o navio ia bolinando ora afastando-se da costa de Santo Antão ora aproximando-se. O capitão deixou o navio aproximar-se demasiado da costa e a certa altura encalhou numa rocha mais próxima da superfície. Com a ondulação conseguiu flutuar de novo mas teve de arribar para S. Vicente com água aberta. Teve que ser arrastado de novo pois a água ia entrando no navio pela quilha embora não fosse em quantidade demasiada. O meu pai participou a ocorrência à companhia de seguros em Lisboa e algum tempo depois foi a Lisboa receber o valor do estrago. A companhia no início recusou-se a pagar dizendo que o navio não estava em condições de navegar. Depois de provado que o encalhe se deu depois do navio ter sido arranjado lá fizeram o pagamento.

Com o dinheiro do seguro e as economias de um ano de trabalho o meu pai e eu dirigimo-nos de táxi à companhia C. Santos que vende motores para navios. O meu pai ia comprar um motor para o Carvalho. Levava 200 contos na pasta que no ano de 1962 era muito dinheiro. Deixamos o táxi na Avenida da Liberdade que ficava a alguns metros da Companhia C. Santos e dirigimo-nos para lá. Pouco depois o meu pai disse-me:

Deixei a pasta, com o dinheiro, no táxi.

Sem pensar duas vezes saí a correr, e em menos dum minuto já estava na Avenida da Liberdade na direcção da Baixa para onde se tinha dirigido o táxi momentos antes. Pouco tempo depois pude ver o táxi ao longe parado num semáforo com luz vermelha. A esperança nasceu mas pouco depois a luz passou a verde e o táxi afastou-se. Não parei e fui correndo mesmo verificando que estava a ficar para trás. Ia esperançado no aparecimento doutra luz vermelha que de facto apareceu fazendo os carros parar. Estava quase a chegar ao táxi quando a luz verde se acendeu novamente. Não desanimei e corri sempre a curta distância do meu objectivo. Na luz vermelha imediata recuperei a pasta.

Tinha 14 anos de idade aproximadamente quando um dos navios saiu do porto do Paul a caminho de S. Vicente. Não havia vento e as ondas, como de costume, eram bastante grandes. Caiu a noite. Não se conseguia ver absolutamente nada. Sabíamos que o navio estava muito próximo da costa. Esta era de pedras bastante grandes. O navio não podia fundear pois com as ondas tão grandes seria atirado para as rochas. Do navio podia-se remar com um remo ou dois de cada lado mas o resultado era quase nulo pois o peso era demasiado e as ondas muito grandes. A única solução seria o navio ser rebocado por um ou dois botes. Inexplicavelmente a lanterna de bordo não era acesa mesmo quando em perigo como naquele caso. Em geral o meu pai e eu, talvez por ser o filho mais velho, ficávamos tentando ver o navio através do escuro. Por vezes víamos o navio ou ouvíamos barulho das enxárcias. Naquele dia a certo ponto pudemos ouvir distintamente e repetidamente:

Socorro... Socorro... Mandem um bote... Mandem um bote...

A correr dirigi-me ao Paul de Baixo onde moravam os marinheiros. Já era tarde e os marinheiros já dormiam cansados por terem remado todo o dia e terem levantado as cargas com que carregaram o navio. Algum elemento da família vinha abrir depois de muita insistência e diziam-me que a pessoa que eu procurava não estava em casa. Desta maneira eu não podia insistir mais. Ao fim de muito tempo consegui reunir dois marinheiros mas disseram-me que precisavam de três marinheiros para poder rebocar o navio. Ofereci-me para ser um deles. Não me aceitaram. Disseram-me que precisavam dum homem que pudesse remar durante algumas horas. Continuei a procurar mas não pude arranjar mais nenhum. Insisti junto dos dois que estavam prontos para ir socorrer o navio. Desta vez aceitaram. Fomos ao cais. Felizmente o bote estava à mão. Num instante estávamos a remar ao longo da costa ate encontrarmos o navio bastante próximo das pedras. Deram-me o remo da proa que é o que exige menos força. Remamos da meia-noite até ao romper o dia. O navio já estava fora de perigo quando nos despedimos e havia um pouco de vento. Não repararam que um dos três marinheiros não passava duma criança.

O perigo em Santo Antão é uma constante e surge inesperadamente em qualquer instante. Há perigo quando se nada e aparecem os tubarões, quando se embarca nos botes e estes não estão em condições para navegar com segurança, nos navios quando o mar está demasiado agitado, nas estradas quando chove devido às pedras que caem, nas rochas que as pessoas tentam galgar para apreciar as vistas de tanta beleza, e muitas outras situações que poderíamos descrever.

Recordo-me de um dia em que o mar estava bastante calmo. O Falucho e o Carvalho estavam fundeados no Paul. O Falucho tinha atirado o lastro para o mar. Esperava ser carregado no dia seguinte. Na parte da tarde começou a levantar vento com bastante violência. Cada um deles, que normalmente usava uma amarra, preparou-se para resistir à ventania com três amarras. Ficou um marinheiro para dormir em cada navio. De minuto a minuto podia-se sentir o vento a aumentar de intensidade. Caiu a noite e o vento continuava fortíssimo agora acompanhado por fortes chuvadas. Os navios começaram a ser arrastados para as rochas. Os homens a bordo gritavam aflitivamente por socorro. Convenci-me que não poderiam sobreviver sem socorro imediato. No Paul era impossível lançar um bote ao mar. Fui a correr em direcção à Sinagoga, uma povoação de marinheiros que ficava a meia hora de distância. Na minha caminhada ouvia as pedras a caírem das rochas. Em muitos lugares a estrada estava cheia de pedras. Finalmente cheguei à Sinagoga. Fui bater de porta em porta. Reuni alguns marinheiros e com eles fiz a seguinte combinação: "Vocês salvam os navios e ficam a ser donos de metade deles". Hesitaram. Olharam para o mar e desistiram. Disse que iria com eles. Definitivamente desistiram. Voltei devagar com a sensação das coisas terem desabado à minha volta. Quando me aproximei do porto esperava ver os navios partidos em mil pedaços, mas... eles continuavam a aguentar bastante próximos das rochas. Naquele dia um dos navios seguiu para S. Vicente. O outro passou a noite no Paul. À noite desabou o temporal de novo. Tudo correu como no dia anterior. O navio foi empurrado para muito próximo das rochas, mas aguentou-se de novo.

Os navios foram uma constante preocupação para toda a família. Os problemas eram quase diários. Durante muitos anos o que era gasto na renovação dos navios tinha que ser pago pelo que eles ganhavam no ano seguinte. Os navios exigiam uma vida dura, cheia de sacrifícios e preocupações. Ouvi os meus pais dizerem muitas vezes:

Não desejo ao pior dos meus inimigos ter um navio.

3. Se Querem o Poço Que o Venham Buscar

A seca em Cabo Verde é tratada neste artigo. A D. Mariazinha tinha uma propriedade com vários produtos agrícolas e árvores de fruta. Tinha uma levada sempre cheia de água. Durante muitos anos não choveu em Cabo Verde. A levada secou e já não havia água para irrigação. Foi decidido abrir um poço...

Ainda criança conheci a D. Mariazinha Benroz. Lembro-me dela na varanda da sua casa, figura esbelta e bastante bonita. O meu pai costumava dizer à D. Mariazinha que ela e a minha mãe eram as senhoras mais bonitas do Paul. Ela fazia-me lembrar um general por quem todos tinham consideração e respeito. Tratou -me sempre com muita amizade. Conheci todos os seus filhos tendo estabelecido laços de amizade com todos eles. As filhas eram também bonitas e os rapazes todos bem constituídos. A sua casa ficava entre as Pombas e o Paul de Baixo. Era rodeada de coqueiros bastante altos cujas folhas se moviam constantemente ao sabor do vento produzindo um sussurro suave e calmo. O mar, em geral bastante revolto, fazia com que a espuma viesse beijar a praia a poucos metros da sua casa. Esta tinha uma varanda de cimento na parte da frente e outra de madeira na parte detrás. As varandas eram enormes, dando à casa um aspecto grandioso. Atrás da casa havia um quintal onde se trapichava. Entre o quintal e a rocha que subia a pique, havia um pequeno tanque que fornecia água para o alambique.

A propriedade estendia-se para o lado do Paul de Baixo e tinha um grande tanque para irrigação. Quando estava cheio, o filho mais novo, que era da minha idade, dava conhecimento do facto aos amigos e, um grande grupo dirigia-se para ali para nadar. Caminhávamos ao longo da levada até chegar ao tanque. Este era rodeado de árvores frondosas havendo entre elas duas grandes mangueiras que na ocasião das férias costumavam estar carregadas de mangas de várias cores.

A levada vinha de longe. Tinha sido construída encravada na rocha que subia na vertical. Havia água em abundância e a propriedade era toda verde com uma vegetação luxuriante. Podia-se ali encontrar de tudo: fruta-pão, amêndoas, manga, pêssegos, bananas, cana sacarina, mandioca, batata, etc.

Foi naquela casa e naquela propriedade que conheci D. Mariazinha Benroz logo que comecei a entender as coisas. Fui ali sempre recebido com muita simpatia e afecto. Segui mais ou menos os acontecimentos da sua vida e sei que esta não lhe foi nada fácil. Mas, D. Mariazinha conservou-se sempre de pé. Muitos dos seus filhos foram-lhe arrebatados por doença cruel. Só mais tarde a penicilina veio a controlar a doença mas infelizmente não apareceu a tempo para eles.

D. Mariazinha recebeu golpes atrás de golpes até que veio um que lhe arruinou a propriedade. Por muitos anos não choveu em Cabo Verde. A levada secou e já não havia água para irrigação. Até as árvores secavam. As bananeiras que antes eram regadas quase diariamente passavam longos meses sem serem regadas, chegando às vezes a seis ou nove meses. A propriedade já pouco produzia. Já nem havia água para o alambique que apenas necessitava dum fiozinho de água para funcionar.

D. Mariazinha preocupava-se. Pensava nos filhos e no que a propriedade significava para eles. Ela muito cedo ficou a viver sem o marido e teve que lutar duramente para que nada lhes faltasse e tivessem uma vida digna.

Numa certa noite não conseguiu pregar olho. Pensava na seca que já se prolongava por muitos anos e no futuro que não parecia nada risonho. Como sair daquela situação? A noite inteira sem dormir permitiu-lhe conceber um plano. Ajoelhou-se e orou:

> *Deus, ajuda-me a resolver esta situação. A seca é tremenda e não vejo nenhuma melhoria. Tenho que lutar para os meus filhos. Decidi abrir um poço. Guia-me e guia os homens que trabalharão neste empreendimento.*

No dia seguinte muito cedo foi aconselhar com o irmão, Sr. Júlio Benroz e com o amigo Sr. Lela Martins. Ambos foram meus conhecidos e amigos desde a minha infância. O irmão, Sr. Júlio Benroz, foi administrador do Paul por muitos anos. Era um pouco formal, razão porque alguns não se sentiam à vontade com ele. No entanto, gostava de conversar comigo quando nos encontrávamos. Quando segui para Coimbra, para estudar, ele chorou ao despedir-se de mim. Certamente pensava que não nos encontraríamos mais o que realmente veio a acontecer. O Sr. Lela Martins era um amigo muito chegado de toda a minha família. Desde pequeno que me lembro de estar a pedir-lhe conselhos. Tinha bom senso e sabia falar com as pessoas de todas as idades. Ele inspirava-me confiança.

É natural que o Sr. Júlio Benroz e o Sr. Lela Martins fossem escolhidos para aconselhar neste assunto tão importante. Todos deram luz verde à iniciativa e a D. Mariazinha tratou logo de arranjar gente para a realização da obra. Várias pessoas foram contactadas e a D. Mariazinha fez com elas o seguinte contracto:

Dou-vos comida, aguardente e o que vocês quiserem mas, só haverá pagamento se encontrarem água.

O contracto foi aceite e algum tempo depois começou a faina de cavar o poço. Grande expectativa para todos.

Passados alguns dias um dos trabalhadores veio muito excitado dizer à D. Mariazinha que tinham encontrado uma pedra molhada. Ela disse:

Não quero pedra molhada. Quero água.

No dia seguinte o mesmo trabalhador veio a correr mais excitado do que na véspera e disse:

Encontramos água, água em grande quantidade.

D. Mariazinha foi logo ver o poço. A água brotava com força. Mas uma dúvida apareceu na sua mente: até quando?

Felizmente, como se veio a confirmar mais tarde, não havia razão para preocupações. Tinham encontrado um lençol de água tão grande que o nível do poço não se alterava nem quando chovia nem quando havia seca.

D. Mariazinha mandou chamar os familiares. Queria falar com eles, apenas dar-lhes as boas novas. Vieram preocupados, receando más notícias mas felizmente só havia notícias alegres. Também mandou dizer ao filho em São Vicente que pedisse uma licença e que viesse porque queria falar com ele. Ele assim fez mas a notícia chegou ao seu conhecimento ainda antes de partir de S. Vicente. Quando veio já trazia degraus de ferro para colocar no poço. Logo que chegou desceu ao fundo do poço auxiliado por cordas, sempre rodeado de grande alegria.

O "general" sabia que a batalha tinha sido ganha, mas não se esqueceu de agradecer a todos os que o auxiliaram: aos trabalhadores que pelo seu esforço materializaram a sua decisão, aos familiares e amigos que a apoiaram e, principalmente, a Deus a Quem sentia dever tudo. Ajoelhou-se e orou:

Obrigada Deus por me teres orientado em tomar esta decisão, por teres dirigido os meus familiares e amigos a apoiarem-me, por teres acompanhado os trabalhadores na abertura do poço. Obrigada Deus porque os meus filhos não sofrerão mais com esta grande seca que está martirizando a nossa terra.

Mas, depois de ter o poço, houve que resolver vários assuntos. Foi necessário um motor para tirar a água. Depois de muita procura lá apareceu o motor. Entretanto, D. Mariazinha recebeu uma intimação para comparecer na Administração do Concelho. Ela ficou aborrecida e a alegria desapareceu. Que coisa grave fez para que a intimassem daquela maneira?

Quando se apresentou na Administração disse:

Estou surpreendida com a vossa decisão de me chamar aqui pessoalmente. Não compreendo porque procederam deste modo.

Responderam-lhe:

Temos uma queixa contra si em como está a importar motores para negócio. Ela ficou espantada com esta queixa que não tinha nenhum fundamento.

Explicou que mandou buscar um motor para o seu poço e contou a história dos efeitos da seca na sua propriedade que culminou com a abertura do poço. O oficial que a interrogava sentiu admiração por aquela senhora que não recuava.

O poço já funcionava normalmente, as plantas mostravam o efeito benéfico da água e a população vizinha também estava sendo beneficiada. Já não precisavam de andar grandes distâncias para irem buscar água. No entanto, os aborrecimentos da D. Mariazinha não acabaram. Apareceu alguém com um recado:

Fui encarregado de saber quanta água tira do seu poço.

Foi o "general" que respondeu prontamente:

Diz a quem te mandou que se querem o poço que o venham buscar.

Esta é a D. Mariazinha Benroz que eu não via há anos e que aos 86 anos de idade veio conhecer a América. Ao cumprimentar deu-me um abraço sem fim e naquele abraço senti a sua amizade forte e antiga. Também recebi um pouco do Paul, a minha querida terra que não via há 35 anos.

Esta é a D. Mariazinha Benroz, a senhora mais bonita do Paul e que viveu cuidando da sua gente, tomando grandes decisões e ganhando as batalhas da vida, que humildemente se ajoelha para pedir a Deus a sua direcção e ajuda, e não se esquece de ajoelhar de novo para Lhe agradecer as graças concedidas.

4. Aluno da Universidade de Coimbra

Completa os estudos liceais e continua em Coimbra as suas actividades como estudante. Começa assim uma nova fase da sua vida. Várias actividades foram desenvolvidas: o futebol, os estudos, a praxe académica...

Em Setembro de 1955, segui para Portugal num navio da CUF (Ana Mafalda). Senti profundamente deixar a minha namorada. Ainda hoje ao lembrar-me dela a chorar sentidamente ao despedir-se de mim, fico comovido. Também me lembro de todos os meus irmãos ainda pequeninos que eu deixava. Durante anos via-os como irmãos e como filhos de modo que a nossa separação teve um grande impacto. Não foi também fácil despedir-me deles. Deixar a terra foi também difícil. Olhava para as ruas, para as casas, para as pessoas, e parecia que eu queria deitar um último olhar em cada pormenor para reter as imagens enquanto estivesse ausente. Muitas vezes sozinho as lágrimas vieram-me aos olhos ao pensar na partida.

Entretanto, encontrei-me no navio a avançar devagar para Portugal e a deixar Cabo Verde cada vez mais longe. Os meus pensamentos agora viravam-se para Coimbra onde nunca tinha estado. De Portugal os meus conhecimentos limitavam-se apenas a Lisboa. Imaginava Coimbra como a cidade do Mindelo que eu acabara de deixar. Imaginava uma cidade pequena cujos habitantes eram todos estudantes. Como seria a universidade? Talvez como o liceu que eu deixava mas um pouco maior. Como seria um professor da universidade? Imaginava um homem respeitável, certamente com barbas brancas, um homem que sabia tudo e de poucas falas.

Depois de cinco dias o navio chegou a Lisboa. Uma tia minha esperava-me no cais e fui para a casa dela onde estive dois dias. Dois colegas meus, que tinham vindo no mesmo navio, iam também para Coimbra. Tínhamos combinado ir juntos de modo que dois dias depois seguimos no mesmo comboio. Ao chegarmos a Coimbra estavam a esperar-nos a irmã duma nossa professora em Cabo Verde e o seu namorado (Sebastião). Esperávamos ir viver numa "república" (casa onde vivem estudantes) onde estava o "Dr." Sebastião (um caloiro - aluno que entra de fresco na universidade e chama "Dr." a todo o estudante que já não é caloiro). Sebastião era uma óptima pessoa e viemos a ser bons amigos. Ele era estudante de matemática mas gostava mais da vida que os estudantes levavam em Coimbra do que do estudo. Por isso já era o estudante mais antigo da Universidade de Coimbra naquela data.

A irmã da nossa professora levou-nos para a sua casa e acabamos por ficar lá vários meses. Os três estávamos ansiosos por conhecer Coimbra, mas quando Sebastião e a sua namorada viram que estávamos decididos a explorar Coimbra à tardinha, falaram-nos da praxe académica. Disseram-nos que os caloiros não podiam sair depois das seis horas, hora em que a "cabra" tocava – "cabra" era um dos sinos da torre da universidade. Havia outro chamado "cabrão" que toca em dias fúnebres e festivos.

Perguntamos o que poderia acontecer se saíssemos depois das seis horas. Explicaram-nos que poderíamos ser apanhados por uma "troupe" – conjunto de estudantes embuçados que andam disfarçados no meio das árvores ou em locais escuros. Desconfiando que alguém é caloiro aproxima-se um dos elementos da troupe e pergunta: *O que é pela praxe?* Se a resposta for *caloiro* – aluno recém-chegado, do primeiro ano – ou *bicho* – aluno do liceu – o transgressor é pura e simplesmente rapado. Assim se fica castigado pela grande "ofensa" de sair depois das seis horas. A operação de "rapar" é feita rapidamente. Com uma tesoura os elementos da troupe tiram um bocado razoável de cabelo mas só dum lado ou apenas à frente. O rapado fica tão ridículo que tem de ir logo ao barbeiro tirar o resto.

Tudo o que nos foi contado nos parecia um pouco irreal. No princípio pensamos que era tudo brincadeira. Quisemos saber o que sucederia se o caloiro se recusasse. Foi-nos dito que o caloiro podia jogar à pancada com o chefe da troupe. Achamos que assim não havia perigo de sair e pouco depois íamos os três a caminho da Baixa com intenções guerreiras.

Passávamos pela Avenida da República bastante larga e cheia de árvores, quando surge um estudante embuçado a dirigir-se para nós. Pensamos logo que pertencia a uma troupe. Vimos depois mais dois estudantes a colocarem-se em pontos estratégicos para nos apanhar. Três contra três. Ia haver "molho" pela certa. Mas antes de chegarem ao sítio onde estávamos apareceu mais uma dúzia de estudantes, cada um a sair detrás duma árvore. Entretanto, os três primeiros já estavam a curta distância. O nosso espírito guerreiro esvaiu-se como fumo em face do grande número dos elementos da troupe e sem trocarmos uma única palavra tomamos todos a mesma decisão: correr pela avenida abaixo. Todos os três jogávamos futebol. Ia ser difícil apanhar qualquer de nós. Entretanto, paralelamente à direcção em que velozmente nós corríamos descia um eléctrico a grande velocidade. Um dos meus colegas conseguiu pendurar-se no eléctrico. Continuamos apenas dois a correr em direcção ao Teatro Avenida. A rua estava cheia de gente esperando a hora da sessão da noite. Estávamos quase a salvo embora os elementos da troupe ainda estivessem perto de nós, quando se deu o imprevisto. Atrapalhamo-nos com as pessoas todas à volta da escadaria, embrulhamo-nos um no outro e caímos os dois. O meu colega caiu em cima de mim. Ele ainda teve tempo de se levantar e entrar no Teatro Avenida, mas eu fui apanhado.

Levaram-me para longe da assistência (onde havia bastantes “futricas”que e o nome para os que não são estudantes ou nunca o foram. Algumas pessoas da assistência insultavam os estudantes:

Bárbaros! Selvagens!

Preparavam-se para me rapar quando um dos estudantes da troupe me disse:

Olha lá, não estiveste hoje na Associação Académica?

Sim, estive,

respondi.

E ficaste para te treinares amanhã, não é?

Perguntou ele

Exactamente,

disse.

Realmente os meus dois colegas e eu tínhamos estado na Associação Académica. Todos ficamos para ir ao treino no dia seguinte para decidirem se ficávamos a jogar nos juniores. Este pormenor salvou o meu cabelo. Se fosse rapado teria de ir para alguns jogos sem cabelo nenhum e isto não seria digno para a Academia.

No dia seguinte fomos ao treino e ficamos os três a jogar nos juniores. Um dos meus colegas resolveu logo o problema económico. A Académica, a partir daí, pagou-lhe os estudos. No ano seguinte jogou logo na primeira categoria e foi um jogador célebre, trata-se do Dr. Jorge Humberto Gomes, neste momento médico em Macau. No que diz respeito ao Doutor António St. Aubyn e a mim próprio participamos também no campeonato naquele ano. A nossa equipa ganhou o campeonato da zona norte e fomos à final do campeonato nacional com o Sporting tendo perdido. O Sporting tinha uma equipa com vários jogadores que vieram a ser estrelas. A Académica perdeu a final com uma derrota pesada. De qualquer maneira ficamos em segundo lugar no Campeonato Nacional.

Quando os jogos começaram a ser realizados a nível nacional comecei a preocupar-me. Os treinos passaram a ser feitos com a equipa principal e partíamos de Coimbra no Sábado de manhã para voltarmos no Domingo à noite. À certa altura tinha de escolher uma seguinte alternativa: "futebol ou estudo". Pela segunda vez optei pelo segundo. A resolução não foi bem compreendida, pois segundo alguns as duas coisas não eram incompatíveis.

Voltando à praxe académica, recordo-me que no primeiro jogo que fiz na Académica como guarda-redes perdemos por 1-0. No fim do jogo apareceu um estudante "Dr." Ladeira que me mobilizou para comparecer na sua República no dia seguinte às 10h da manhã. Quando aí cheguei ele mandou-me para o terraço com um dos meus colegas que jogava comigo e tinha vindo comigo de Cabo Verde. Tratava-se de António St. Aubyn hoje professor numa das Universidades de

Lisboa. Deu uma bola de ténis ao meu colega que tinha de me atirar a bola para eu defender. Ele justificou tudo dizendo:

> *O caloiro precisa de treino. Assim a Académica não voltará a perder.*

O "Dr." Ladeira tornou-se um bom amigo e depois veio a ser meu aluno em duas cadeiras pelo menos.

Noutra ocasião fui convidado para almoçar na República Bota Abaixo do meu amigo Sebastião. A República festejava um dos seus centenários – as repúblicas fazem centenários em vez de aniversários.

Senti-me vaidoso com o convite e lá fui. Quando cheguei encontrei ambiente de festa. Havia mais três caloiros que também tinham sido convidados. A mesa estava muito bem arranjada.

Quando chegou o momento de almoçar em vez de mandarem os quatro caloiros sentarem-se à mesa trouxeram quatro aventais para os caloiros e tivemos de servir os "doutores". Senti-me um pouco envergonhado mas lembrei-me dos conselhos dum colega que me dizia que a melhor táctica era colaborar com tudo. Ele disse-me:

> *Salazar não resista. Isto é o pior que podes fazer. No entanto é o que a malta gostaria que fizesses pois darias gozo.*

Na realidade os "doutores" não precisavam de ser servidos mas ver os caloiros naquela situação era divertido. Como servíamos a mesa com ar de quem se divertia, ao fim de 15 minutos mandaram-nos sentar à mesa e fomos então convidados de facto. Um caloiro chegou entretanto e recusou-se terminantemente a pôr o avental e servir à mesa. Ficou a "dar gozo" toda a noite e nunca se sentou à mesa.

Depois do almoço seguiram-se os discursos. Os caloiros são sempre os primeiros. Podem discursar individualmente, a duas ou a três vozes. Em geral, o tema é escolhido pelos "doutores" e pode ser por exemplo:

- Os seios da Gina Lolobrigida
- A viagem da Rainha de Inglaterra a Portugal
- A culpa que teve o caloiro na queda do Governo da Uganda.

Se for a duas vozes o discurso é feito com partes de frases que têm de ser completadas pelo outro caloiro. Exemplo:
1º. Caloiro:

> *Sinto-me bastante contrariado...*

2º. Caloiro:

> *porque tive um papel bastante reprovável...*

1º. Caloiro:

na queda do governo da Uganda.

Neste ponto o discurso é interrompido com gritos:

Ele confessou! Rape-se o caloiro! Não, mate-se o caloiro!

Depois tudo serena e um dos "doutores" diz:

Continuem, caloiros!

A certa altura os "Doutores" dão por findo o discurso que é sempre reprovado com censuras, ameaças e conselhos sarcásticos.

Depois começam os discursos dos "doutores". Estes são feitos a sério mas se houver um deslize do "Doutor" fica registado na parede com nome e data. Nas salas de jantar das repúblicas é interessante ver, às vezes, familiares a ler o que o pai, o tio ou avô disseram 30 ou 50 anos atrás.

Alguém teve a ideia de que eu chamando-me Salazar era uma óptima oportunidade de ser usado para se meterem com o Primeiro-Ministro. Então, obrigaram-me a ficar na rua parado à frente da república. De cinco em cinco minutos alguém vinha a janela e gritava com toda a força de que era capaz: *Salazar, vai à...* À certa altura, já aborrecido com aquela situação, vim para dentro dizendo que estava farto daquilo. Diziam-me:

Não sejas parvo. Vai para fora! Esta é a única oportunidade que temos de fazer isto e não ser "chateados" pela PIDE.

E tinha de ir de novo para a rua.

Noutra república, "Praquistão" (o que significa "Por Aqui Estão") fui mobilizado algumas vezes. Numa das vezes puseram-me na rua a servir de sentinela, com um pau de vassoura aos ombros a fazer de espingarda. Fui instruído desta maneira:

O caloiro grita ÀS ARMAS quando passar uma moça gira. Mas grite com força para todo o mundo ouvir.

Assim fiz durante algum tempo. Quando gritava *ÀS ARMAS!* As janelas enchiam-se de estudantes para ver a moça passar. Mas comecei a deixar algumas passar sem gritar.

Então ouvi uma voz duma das janelas:

> *Se o caloiro deixar passar mais um inimigo sem gritar ÀS ARMAS vai ser rapado imediatamente.*

Passei a gritar ÀS ARMAS não só quando passavam moças giras mas também quando passavam as que não tinham nada de giras. Então das janelas ouvi:

> *Se o caloiro gritar ÀS ARMAS em falso vai ser rapado.*

Na primeira vez em que fui mobilizado para aquela república quando lá cheguei disse:

> *Sou caloiro e fui mobilizado para vir cá.*

Responderam-me:

> *Não é preciso dizer que é caloiro. Os caloiros conhecem-se pelo cheiro. Vá ao quarto do "Dr." Zé Manel.*
>
> *Onde é o quarto do "Dr." Zé Manel?*

perguntei.

> *Vá ao turismo perguntar.*

responderam.

Já me ia embora para não voltar mais mas o "Doutor" disse:

> *Caloiro! Volte cá! Não se arme em esperto pois caso contrário terei de lhe mostrar a verdadeira esperteza do caloiro.*

Ele ensinou-me onde ficava o quarto do "Dr." Zé Manel e lá fui.

Quando entrei no quarto encontrei um estudante de medicina pequeno e loiro. Ele era muito amável e como vim a saber depois era especialista em encravar os caloiros. Disse-me muito simpaticamente:

> *Entre e sente-se caloiro.*

Olhei à volta e verifiquei que só havia uma cadeira onde ele estava sentado. Ele percebeu e disse:

> *Sente-se na cama caloiro, ou melhor, deite-se.*

Sentei-me na cama e ele pacientemente começou a conversar comigo. Eu já me sentia aclimatado e continuávamos a conservar muito agradavelmente. Perguntou-me pelas minhas notas ao terminar o liceu. Comecei muito vaidoso a dizer as notas e terminei dizendo:

> *E a Desenho tive 19 valores.*

Aí pareceu-me que ele se tinha tornado doido. Deu um salto da cadeira e começou aos gritos:

> *Malta, é malta, venham cá!*

Num instante o quarto encheu-se completamente e ele começou a falar:

> *Apresento-vos um caloiro de Cabo Verde. Chama-se Salazar* (vários murmuram reprovando). *Teve as seguintes notas: Matemática 18* (vários uhs... fingindo admiração), *Ciências 18* (vários uhs... fingindo admiração)

e todas as notas foram ditas da mesma maneira até à última:

> *e a Desenho 19* (mais uhs... mais prolongados).

E o "Dr." Zé Manel concluiu:

> *Acho que temos aqui a pessoa indicada* (todos dizem que sim), *pessoa em quem podemos confiar* (todos dizem que sim), *pois para trabalho tão importante só quem tenha realmente muito jeito, que seja um verdadeiro artista* (todos concordam).

E, finalmente, ele explicou tudo: Como tinha jeito para desenho deram-me um balde de cal e tive de caiar a república durante dois dias. Entretanto apareceu outro caloiro com "jeito" para desenho que me substituiu naquele trabalho "tão importante".

É interessante e muito útil a praxe de Coimbra. Quando os caloiros fazem o sétimo ano vão para a universidade cheios de importância. Sentem-se sabichões. A praxe de Coimbra reduzindo-os a zero mostra-lhes a verdadeira realidade. Então, começam a carreira universitária com a humildade que afinal toda a gente deve ter em qualquer situação.

Estive para pertencer à República do Bota Abaixo. O meu amigo Sebastião era lá o mais antigo de modo que fui logo aceite. Quando fui inteirar-me do que se pagava desisti logo. Explicaram-me:

> *Água não pagamos porque a temos ligada à bica que fica no largo em frente à república, electricidade não pagamos porque a temos ligada à corrente antes do contador, renda de casa não pagamos porque estamos no tribunal com os senhorios há mais de 15 anos, azeite, batata, fruta, etc., não pagamos porque os pais mandam da terra. A nossa única despesa é o vinho. Cada um dá 400 escudos por mês para o vinho. Quando é necessário reforçamos.*

O que se pagava era pouco mas fiquei preocupado com tanto vinho que se comprava com aquele dinheiro. Não quis ficar na república e disse francamente a razão. Pensei que iam ficar zangados mas riram-se com gosto e contavam a outros colegas a razão porque eu não quis ficar na república.

No dia da Queima das Fitas, um estudante de Medicina que tinha queimado o grelo e tinha passado a usar fitas largas disse-me:

Caloiro! Apresente-me àquela moça!

No passeio estava uma moça que ao ouvir isto riu timidamente e ficou à espera dos acontecimentos. Aproximei-me dela e disse:

Desculpe-me mas como sou caloiro tenho que fazer o que me disse o "Doutor". Dá-me licença que a apresente?

Ela concordou e eu fiz as apresentações. Uns anos depois encontrei o mesmo moço que já era médico havia uns quatro anos. Quando me viu começou aos gritos na rua:

Ah, meu malandro, meu bandido, tem de ajustar contas contigo!

Vi que havia coisa e, depois de nos cumprimentarmos, ele olhou para a senhora que estava ao seu lado e perguntou-me:

Lembras-te da minha mulher?

Disse-lhe que não e ele disse:

Pois és o culpado da minha desgraça. Não te lembras de ma ter apresentado? Aquilo deu em casamento e em dois filhos.

A esposa ria satisfeita.

A primeira aula teórica que um professor dá é muito especial. Naquela aula o professor é "toureado" como se diz. Eu acabava de chegar de Cabo Verde e fui à minha primeira aula na universidade, aula de Química. Quando cheguei havia um reboliço doido na sala de aulas. Perguntaram-me à porta:

És aluno de Química?

Disse que sim e então disseram-me:

Vai sentar-te no anfiteatro na última fila e fica escondido.

Não percebi nada. Então ia ficar escondido na aula? Entretanto chega o professor que é recebido aos gritos. Puseram-no em cima da mesa e enrolaram uma das pernas das calças até ao joelho. Muito dignamente o professor arranjava tudo mas os estudantes voltavam tudo à primitiva. Puseram-lhe uns óculos de arame. Ele prime um botão chamando o contínuo. Diz-lhe para limpar a sala. Que mande sair todos. Os estudantes puseram o contínuo fora da sala e fecharam a porta à chave. O professor então percebe que o melhor é colaborar e assim as coisas melhoram um pouco. Dão-lhe palha para comer e ele espalha-a pelo chão. Dão-lhe milho e favas e ele faz o mesmo. Dão-lhe um tema maluco para discursar. Naqueles dias tinha sido roubado o comboio correio em Inglaterra e o tema foi "A minha responsabilidade no roubo do comboio correio". Ele recusa-se a falar mas acaba por compreender que este caminho vai prolongar a tourada indefinidamente e então resolve-se a falar:

Realmente fui responsável pelo roubo do comboio correio.

Gritos, "Chamem a polícia!", enfim um verdadeiro inferno. Um estudante com fitas largas coloca-as na cabeça do professor que fica assim protegido e dá por finda a "toureada". Tudo serena e todos vão-lhe dar os parabéns. A partir daquela altura será tratado com toda a deferência.

Ao princípio fiquei frustrado com toda aquela confusão pois não compreendia como era possível tratar um professor daquela maneira. Julguei que o ambiente de trabalho era normalmente aquele e já pensava em mudar para outra universidade. Assim seria impossível aprender fosse o que fosse. Felizmente, aquilo foi uma excepção à regra para cumprir a praxe académica. A segunda aula é que foi realmente aula a sério.

Alguns anos mais tarde vim a estar na mesma situação mas tudo foi muito diferente. Eu tinha apenas 24 anos de idade quando dei a minha primeira aula teórica e estava dentro dos costumes da academia. Tudo já fazia sentido para mim e sabia a melhor maneira de actuar. Colaborei com os elementos da tourada e em menos de 15 minutos tudo já estava terminado num ambiente de festa.

Ainda dentro da praxe académica houve um equívoco que deixou os meus colegas de Cabo Verde e a mim próprio enganados por muito tempo.

Um aluno do primeiro ano é chamado *caloiro,* um do segundo ano *semi,* um do terceiro ano *puto,* e assim por diante. Acontece que havia uma moça do terceiro ano do nosso conhecimento e alguém disse a um de nós o que ela era pela praxe usando o feminino.

Fomo-nos certificar se era verdade o que nos tinha sido dito e depois ficamos espantados e chocados com a confirmação. Então uma moça tão séria e estudiosa em Cabo Verde e agora diziam-nos aquilo. Felizmente, algum tempo depois compreendemos que a palavra significava apenas que ela estava no terceiro ano.

O meu primeiro ano passou-se com bastante estudo e um pouco de dificuldades económicas. Quando faltavam os "fundos" ia comer num restaurante chamado "É Aqui". Comia-se por cinco escudos. O menu compunha-se à volta de 20 pratos mas diziam que já estava tudo esgotado. Só havia feijoada com arroz e sopa de hortaliça. Só se tinha direito a colher. Por mais um escudo já se tinha garfo, faca e guardanapo e comia-se no andar de cima servido pela filha do patrão.

Alguns meses depois de ter começado a estudar em Coimbra recebi uma carta da minha mãe a sugerir-me o abandono do curso de matemática para outro curso. Uma professora do liceu procurou-a e disse-lhe que uma aluna muito boa que estudava em Coimbra tinha tido 11 em matemática. Dizia-lhe que me escrevesse a aconselhar mudar de curso. Não fazia mal perder um ano. Queria evitar um fracasso. Não liguei muito e escrevi dizendo que estava tudo bem. Realmente fiz todas as cadeiras na primeira época com média de 17 valores. Em Junho, já estava pronto de todo e fui passar as férias em Cabo Verde.

Ao chegar a Cabo Verde, soube da existência de mais de 30 bolsas de estudo. No ano anterior tinham dado bolsa de estudo só a mim e a dois dos meus colegas apenas por seis meses por não haver verba. Fui logo ao liceu tratar do assunto e lá disseram-me que concorresse se quisesse, mas teria de ser com a média do primeiro ano da universidade e não com a média do liceu. Acontece que a minha média na universidade só era igualada por outro estudante de modo que me convenci que teria bolsa de estudos daquela vez. Como via má vontade, ao entregar os documentos exigidos para a obtenção da bolsa de estudos pedi que me fosse dado um recibo.

Algum tempo depois foi publicada a lista dos que foram contemplados e o meu nome não estava incluído. Pedi uma audiência ao governador que me disse que iria tratar do assunto e que voltasse no dia seguinte. Quando voltei ele explicou-me porque tinha sido excluído: tinha entregue os documentos fora do prazo. Mostrei-lhe o recibo e ele então prometeu-me que seria incluído na lista. Efectivamente fui incluído mas em vez de bolsa de estudos tive apenas um empréstimo que tive de pagar mais tarde contrariamente ao que veio a suceder com os outros.

5. Serviço Militar na Marinha

Acabados os estudos, houve a necessidade de cumprir o serviço militar. Fui chamado para me apresentar na Marinha no dia em que o meu primeiro filho nasceu. . .

O meu primeiro filho, Paulo Jorge, nasceu no dia 13 de Julho de 1961 à volta das sete horas da manhã. A meio do dia fui à casa depois duma noite em claro quando alguém bateu à porta. Fui abrir e um polícia entregou-me uma nota dando-me conhecimento de que iria fazer o serviço militar na marinha. Devia comparecer dois dias depois na Base do Alfeite.

Naquela altura a luta em Angola estava acesa e quando alguém era chamado para o serviço militar significava participação na guerra em África a começar num futuro bastante próximo. Fiquei preocupado na maneira de dar a notícia à minha mulher logo no dia do nascimento do nosso primeiro filho. À noite disse-lhe:

> *O Malta* (nome dum amigo nosso que estava na marinha), *disse-me que a marinha era uma óptima escolha para se fazer o serviço militar. Ele também me disse que eu me poderia voluntariar.*

Ela cortou-me aquela hipótese de pronto:

> *Não te vais oferecer para coisa nenhuma. Espera calmamente que te chamem. Imagina que estás num navio e que ele se afunda. Nem quero ouvir falar em marinha.*

No dia seguinte tive de trazer a conversa de novo. Tinha que partir à noite para me apresentar na Base do Alfeite no dia seguinte. A certa altura tive de lhe dizer que tinha sido convocado para fazer o serviço militar na marinha. A princípio chorou mas como sempre é o elemento da família que encara os problemas com mais realismo. No dia seguinte fui à inspecção sendo admitido para fazer o serviço militar na marinha. Teria de começar dois meses depois.

Apresentei-me no dia que me tinha sido destinado mas compreendi que durante os três primeiros dias não tínhamos nada para fazer. Os treinos só começariam quatro dias depois. Recebemos uma mensagem do comandante dum draga-minas que ia ser o nosso instrutor de marinharia dizendo que quem quisesse poderia ir com ele ao Algarve naquele fim-de-semana. Fui um dos que se voluntariou para fazer a viagem. Às oito horas da noite atravessamos a barra e já no alto mar o comandante mandou navegar num rumo que nos conduziria ao Algarve, próximo de Sagres.

O meu pai teve sempre um ou dois veleiros que navegavam entre as ilhas de Cabo Verde de modo que eu já tinha noções razoáveis de navegação. Também era licenciado em Engenharia Geográfica que é uma ciência afim de modo que talvez a nossa conversa tenha levado o comandante a pensar que eu era finalista na marinha (curso de quatro anos para aqueles que seguem a carreira militar). Por esta razão o comandante encarregou-me do quarto das oito horas à meia-noite. Não pus nenhuma objecção pois pensava poder desempenhar bem a missão.

O navio tinha a ponte de comando na parte superior onde se podia ver o mar em qualquer direcção e uma segunda ponte protegida num nível inferior onde se encontrava a roda do leme e outros utensílios para a navegação. Estavam ali dois marinheiros, sendo um deles o encarregado do leme. Eu ia na parte mais alta, só e em completa escuridão.

Enquanto caminhávamos em direcção a Sagres vi um petroleiro que ia crescendo até atingir um tamanho que nunca tinha visto. Era o meu primeiro dia na marinha e limitei-me a observar apenas. Vim a aprender mais tarde que num caso desses devia-se medir, com um aparelho que estava na ponte, a direcção relativa do outro navio. Se ela se mantivesse constante significava que os dois navios estavam em rumo de colisão. Se eu já tivesse estes conhecimentos teria chegado à conclusão de que um dos navios teria de se desviar. Embora, por instinto, estivesse a pensar que um dos navios teria de mudar de rumo, estava convencido que o outro navio é que se devia desviar e, como mais tarde vim a aprender eu estava enganado.

O petroleiro continuava a aumentar de tamanho e embora estivesse convencido do meu direito ao caminho comandei para baixo:

Vira todo o leme para estibordo.

O marinheiro repetiu:

Vira todo o leme para estibordo.

Quando atingimos uma direcção fora do rumo do petroleiro, comuniquei de novo:

Navega assim.

Navega assim,

repetiu o marinheiro.

Ofuscado com as luzes do petroleiro não prestei muita atenção à minha volta. Quando o fiz vi uma traineira a arrastar uma rede vagarosamente mesmo à nossa frente. Íamos cair sobre a traineira e sobre a rede. Desta vez julgo que gritei:

Vira todo o leme para bombordo.

O marinheiro repetiu:

Vira todo o leme para bombordo.

Assim,

disse de novo.

Assim, repetiu o homem do leme.

Ficamos livres do petroleiro e da traineira e pudemos voltar ao rumo primitivo:

Volta ao rumo inicial,

disse.

Volta ao rumo inicial,

responderam-me. Pouco depois ouvi um dos marinheiros a perguntar ao outro:

Quem está na ponte de comando?

O segundo marinheiro respondeu:

É um senhor cadete.

O primeiro marinheiro exclamou gemendo:

Ai minha mãezinha!

Não houve mais novidade e à meia-noite outro cadete veio substituir-me.

No dia seguinte ia para terra, para Portimão, numa barcaça porque o navio ficou fundeado ao largo. O comandante vinha na mesma embarcação e contei-lhe o que se tinha passado. Ele ficou sem fala. Em primeiro lugar nunca se vira todo o leme para bombordo ou estibordo pois as conchas e outros organismos que crescem no leme e no casco do navio podem fazer com que o leme se prenda e o navio pode fazer com que o leme se prenda e o navio pode ficar sem comando. Em segundo lugar o petroleiro tinha direito ao caminho. Ele só me perguntou:

Você não é finalista?

Não, hoje é o meu primeiro dia na marinha.

Ele não me disse nada talvez pensando que tinha a responsabilidade do navio. Por engano tinha entregue o comando do navio a um cadete no seu primeiro dia de instrução. Ele veio a ser meu professor durante a instrução e depois trabalhamos juntos no Instituto Hidrográfico.

A minha mulher ficou preocupada com o meu serviço na marinha e tinha o pressentimento de que alguma coisa de mal me ir acontecer. No princípio as coisas não correram bem. Os fins-de-semana iam passá-los em casa com a família. Ao fim de um dia de aulas e treinos estava a jogar futebol com outros colegas quando com a tentativa de ganhar posse da bola apanhei-me a "voar" indo aterrar sobre uma coxa. Como, em geral, fazia muito vento no campo de futebol, a terra fina era arrastada e só ficavam os grãos de areia mais grossos. Ao aterrar fiquei com inúmeros grãos enterrados na coxa. Alguns colegas estiveram a ajudar-me a pescar os grãos que ficaram em parte mergulhados na carne. Passei a ir fazer tratamentos na enfermaria. Tive que telefonar à minha mulher dizendo que teria de ficar no Alfeite devido ao acidente.

Na semana seguinte já estava muito melhor mas tinha que continuar a fazer o tratamento à perna. Este era feito à noite para não coincidir com as aulas durante o dia. Ao dirigir-me para a enfermaria atravessei um descampado para encurtar caminho. Como estava bastante escuro, caí numa trincheira tendo-me ferido em vários sítios e ficando a coxear. No fim-de-semana tive que ficar de novo na base. A minha mulher ia ficando cada vez mais nervosa e continuava a prever qualquer coisa de grande. Na semana seguinte um grupo numeroso sentiu-se mal acabando por ser diagnosticado envenenamento alimentar. Fui um dos elementos que teve de ser internado no hospital. Quando telefonei do hospital para a minha mulher até parecia brincadeira a notícia que estava a dar. Felizmente as "desgraças" ficaram por aí.

Quando fui promovido a aspirante fui colocado como comandante duma lancha para patrulhar um dos rios da Guiné. Na classe de marinha éramos 40 aspirantes ao todo e 15 tinham sido colocados como comandantes de lanchas que iriam patrulhar rios e lagos na Guiné, Angola e Moçambique. A razão invocada por termos sido escolhidos é que para posições de comando deviam ir os mais bem classificados (eu tinha sido o segundo classificado). Constou que um dos escolhidos era da família de um almirante que exigiu que nos fosse perguntado se queríamos aquela posição. Todos responderam negativamente e então foram desempenhar aquelas funções os 15 piores classificados. Fui então colocado no Instituto Hidrográfico onde trabalhei durante três anos e meio até acabar o serviço militar. As minhas funções foram regular as agulhas magnéticas de qualquer navio (de guerra ou comercial) que necessitasse daqueles serviços e era o adjunto do Comandante Barahona Fernandes nos serviços de levantamento e produção de cartas que eram feitas no Instituto Hidrográfico para as costas de Portugal Continental, Açores, Madeira, Cabo Verde, Angola, S. Tomé e Príncipe, Moçambique, Macau e Timor.

Ao fim de um ano na marinha as minhas finanças estavam quase reduzidas a zero pois ganhava muito pouco para as despesas duma família. Por essa razão passei a dar explicações de matemática muito cedo, antes de começar o trabalho, à noite depois do dia de trabalho e aos fins-de-semana. Dormia muito pouco e trabalhava demais de modo que a certa altura o médico diagnosticou uma úlcera. Entretanto, recebi um telefonema do Eng. Belchior, que não conhecia, do Gabinete de Estudos e Planeamento de Transportes Terrestres do Ministério das Comunicações dizendo-me que tinha necessidade de alguém com a minha formação e que eu tinha sido recomendado para trabalhar naqueles serviços. Convenci-me que era brincadeira e durante um mês não apareci à entrevista como me tinha sido pedido. O Eng. Belchior telefonou-me de novo e prometi aparecer. Contei a história ao Comandante Barahona Fernandes e pedi-lhe para não ir trabalhar naquela tarde para acabar com o que eu supunha ser uma brincadeira. Ele riu-se e disse:

Olhe que isto me cheira a coisa séria.

Realmente era verdade. Trabalhei aí durante todo o tempo do meu serviço militar e mais tarde quando voltei para Coimbra e só terminei quando segui para Moçambique. A minha estadia aí nunca a poderá esquecer. Apreciei imenso as pessoas com quem trabalhei e aprendi bastante com elas. Com o trabalho de cartografia que fazia no Instituto Hidrográfico e o de investigação operacional aplicado às comunicações no Gabinete de Estudos e Planeamento de Transportes Terrestres pude preparar a minha tese de doutoramento. Deste modo não atrasei o meu concurso na universidade por ter cumprido o serviço militar e aos 28 anos de idade fiz o meu doutoramento em Matemáticas Aplicadas.

As pessoas com quem convivi nos dois organismos passaram a ser amigos para sempre. O meu chefe, Comandante e mais tarde Almirante Barahona Fernandes passou a ser um amigo pessoal e periodicamente almoçávamos juntos e assim podíamos conversar. A amizade estendeu-se também às pessoas que trabalhavam nas cartas marítimas e assim todos os meses reuniámos num almoço cada vez num local diferente. Quando fiz o doutoramento fizeram questão em ir todos a Coimbra para irmos almoçar juntos mas a minha mulher orientou tudo de modo a que o almoço se realizasse em nossa casa. Depois de seguirmos para Moçambique a amizade continuou aí, para ser renovada de tempos a tempos em Portugal. Tem havido encontros com os meus amigos dos dois organismos nos Açores, Moçambique, Coimbra, Estados Unidos da América, e muitos outros locais sempre com muita alegria e amizade.

Um desses encontros deu-se com o Comandante Teixeira da Mota em Moçambique. Estivemos a passear e acabamos por ir à Namaacha na fronteira com a Suazilândia e fomos almoçar num hotel que lá havia. Sem nos perguntarem nada trouxeram-nos carnes frias, a seguir sopa, um prato de peixe e assim por diante. Estranhamos trazerem-nos pratos sem perguntarem o que queríamos. Depois viemos a saber que o costume era assim mesmo. A certo ponto já não podíamos comer mais e o senhor que nos servia avançou com um prato de cabrito. O Comandante Teixeira da Mota ao aperceber-se da situação disse:

Oh, não...

O senhor com o cabrito nas mãos ficou muito preocupado com o que ouvia e perguntou:

Quer que lhe traga um bife com ovos a cavalo e batatas fritas?

Todos os acontecimentos nessas reuniões de amigos era razão para aumentar a nossa boa disposição e a minha mulher foi sempre uma excelente companheira.

Outra vez estava na sala de desenho das cartas e estavam talvez umas oito pessoas a trabalhar com muito entusiasmo como costumava acontecer. Passou-me pela cabeça brincar com alguém e pus-me a falar com um dos presentes de modo a ser ouvido por todos:

Dei umas explicações a um senhor que nunca me pagou e quando telefono para ele diz-me que a pessoa não está mas sei que é ele próprio que me atende.

Por minha pouca sorte o mais idoso do grupo, que era muito mais velho do que eu, é que pegou na isca e disse-me:

Se quiser eu telefono-lhe e vai ver que resolvo tudo.

Ele perguntou-me qual era o número do telefone e eu dei-lhe o telefone do jardim zoológico. Perguntou-me o nome da pessoa e eu disse-lhe que era o Sr. Leão.

Quando atenderam do jardim zoológico perguntaram-lhe com quem queria falar ao que ele respondeu:

Com o Sr. Leão.

Pacientemente do outro lado da linha disseram:

E com quem mais deseja falar?

Já lhe disse. Com o Sr. Leão.

O Sr. Leão não está.

Sei que está pois é precisamente o senhor que está a falar.

O homem no jardim zoológico perdeu a cabeça e raivosamente tentou magoar o interlocutor brincalhão, segundo ele pensava:

Vá brincar com a sua mãe.

O meu amigo ficou vermelho de raiva e respondeu:

Olhe, o Sr. devia era pagar as suas dívidas.

O homem do jardim zoológico ficou mais ofendido ainda mas eu não pude resistir mais e comecei a rir às gargalhadas e os outros colegas que estavam debruçados sobre as cartas não resistiram também e puseram-se a rir. O meu amigo então compreendeu tudo. Desligou e disse-me:

Não me diga...

Sim, é verdade. Desculpe-me mas não pude resistir...

Ele respondeu:

Eu desculpo-o se prometer pregar a mesma partida ao Sr. Ferreira (um colega quase da idade dele).

Realmente repetimos tudo com o Sr. Ferreira algum tempo depois mas ele desconfiou e nada aconteceu como dantes.

6. Como Salva-vidas

Com a água que existia em todos os locais as minhas actividades como salva vidas apareceram naturalmente. Um pormenor que nunca pude compreender é que quando uma pessoa está em perigo as pessoas gritam em altos brados mas a maioria não ajuda absolutamente nada para solucionar o problema...

Ainda bastante novo treinou os meus irmãos mais novos a nadar na piscina. Era forçado a apanhá-los constantemente, quando se afundavam. Isto deu-me um grande treino como salva-vidas, de tal modo que uma vez apanhei uma menina que estava aflita e que pesava pelo menos uma vez e meia o que eu pesava. O meu treino serviu-me inúmeras vezes pela vida fora.

O primeiro caso sério deu-se em S. Vicente, Cabo Verde. Um palhabote do meu pai (Carvalho), estava arrastado na Companhia Miller e num domingo, num momento em que não trabalhava ninguém, apareceu um dos carpinteiros que vinha andando aos ziguezagues com uma grande bebedeira. Ele disse para mim:

Vou mergulhar! Vou nadar no mar!

Segui-o convencido que nunca se atiraria à água. Na realidade ele foi até à extremidade do cais e atirou-se à água tendo ido para o fundo como um prego. Eu estava com um colega da mesma idade, à volta de 14 anos. Pouco depois apareciam bolhas à superfície. Não resisti mais e atirei-me à água cheio de medo pois o cais era de troncos e dizia-se que apareciam jamantas (não falando dos tubarões que poderiam aparecer em qualquer sítio). Segui as bolhas até ver o carpinteiro imobilizado no fundo. Tentei agarrá-lo pelos cabelos mas ele estava pelado. Tive de mergulhar um pouco mais, abracei-me a ele e fomos a caminho da superfície. Ele não reagia e nadei para o cais mantendo-lhe a cabeça fora da água. Quando tentava agarrar o cais ele abriu os braços com força, atirou-me para longe e foi novamente para o fundo. Tive de mergulhar outra vez, sempre pensando nas jamantas e nos tubarões. Nesta segunda tentativa tudo aconteceu como anteriormente mas logo que cheguei à superfície comecei a gritar de modo que apareceram pessoas que me ajudaram a pô-lo em terra firme.

Uns seis meses mais tarde este carpinteiro (conhecido por Chico) veio ter comigo e disse-me que gostaria de me mostrar uma coisa. Conduziu-me a um quintal próximo e de repente tínhamos à nossa frente um pequeno bote extraordinariamente bonito e muito bem feito. Ele apenas me disse:

Este bote foi feito para ti nas minhas horas vagas. É teu!

Aquele bote foi a minha distracção, a dos meus irmãos e de alguns amigos por muitos anos. Numa altura em que o Carvalho perdeu o bote, passou a ser o seu salva-vidas. Algum tempo depois voltou de novo para mim.

Noutra ocasião estava na *Matiota* à tardinha e nadava com um colega e sua irmã. A maré estava cheia e a corrente puxava para fora. O meu colega e eu estávamos na praia quando a irmã começou a gritar que não conseguia voltar. O irmão atirou-se à água e foi ajudá-la. Passado algum tempo começou também a gritar. Estavam ambos a ser arrastados pela corrente. Num instante cheguei ao pé deles, pois realmente o mar deslocava-se naquela direcção com força. Disse ao irmão que fosse tentando aproximar-se da praia e nadei desesperadamente com a irmã até ela ter pé. Então, voltei de novo e tentei trazer o irmão comigo. Desta vez já não avançávamos nada. Já me sentia cansado e então disse ao meu colega que íamos nadar na direcção da corrente e que tentaríamos aproximar das rochas que se estendiam na direcção perpendicular à praia. Assim fizemos embora estivesse preocupado, porque aproximávamos dum sítio onde um italiano tinha sido atacado por um tubarão muitos anos atrás. O italiano perdeu a vida e o episódio nunca desapareceu da mente das pessoas. Felizmente, tudo calhou como foi projectado e pudemos chegar a terra firme.

Muitos anos depois, estava a cumprir o serviço militar num navio de guerra da Armada Portuguesa (Pedro Escobar). Éramos à volta de 40 cadetes e fazíamos a nossa última viagem antes de sermos promovidos a oficial. Aproximávamos do Porto do Funchal na Ilha da Madeira, quando a duas ou três milhas de distância do ancoradouro o comandante mandou parar o navio. Pelos altifalantes foi-nos dito que nos formássemos na popa. O navio era uma fragata de popa baixa. O comandante disse-nos que íamos simular um desembarque em barcos de borracha mas sem motor e sem remos. Íamos à volta de 10 em cada barco e tínhamos de remar apenas com as mãos.

O barco de borracha era lançado ao mar, como era leve começava logo a afastar-se do navio. O comandante ia indicando as pessoas que iriam em cada barcaça depois de ser atirada à água. Conforme iam sendo escolhidas, as pessoas atiravam-se depressa para o mar e nadavam rapidamente para a barcaça.

O inesperado aconteceu quando um dos meus colegas se recusou a atirar-se à água. O comandante ficou furioso com a recusa pois nunca ninguém se recusa a fazer o que o comandante do navio ordena. O meu colega confessou:

Não sei nadar!

Um dos requisitos da marinha é saber nadar, mas lembro-me perfeitamente que durante a admissão se esqueceram de verificar se sabíamos nadar. O meu colega teve que ser abaixado com cordas no meio de grande troça e vergonha para ele. Por esta razão, outro colega meu que devia estar nas mesmas condições não disse nada e quando chegou a sua vez atirou-se destemidamente o mais próximo possível da barcaça. A intenção era apanhar a barcaça sem ter de nadar. Embora tivesse ficado a pouco mais de uma braça, a distância foi suficiente para lhe causar problemas. A barcaça afastou-se rapidamente e o meu colega desaparecia para depois aparecer a cabeça e gritar socorro. A situação complicava-se cada vez mais com mais tempo passado coberto de água e seguindo-se o grito de socorro cada vez mais aterrado. A tragédia adivinhava-se a todo o momento. Foram atiradas algumas bóias mas elas eram afastadas rapidamente pelo vento e pela corrente. Tentaram desesperadamente lançar um barco mas demorava demais. Era necessário fazer qualquer coisa imediatamente. Não pude aguentar mais. Atirei-me à água ainda de sapatos e parte da roupa que não tinha tirado. Rapidamente cheguei ao pé dele e agarrei-o pelas costas. Comecei a nadar com ele não permitindo que enterrasse a cabeça de novo na água. Procurei acalmá-lo e expliquei-lhe que não me agarrasse ao pescoço. Ele acalmou-se e do navio perguntaram-me se poderia aguentar 10 minutos. Disse que sim e o navio foi manobrado de modo a colocar-se na direcção em que o vento e a corrente nos estavam a levar. Num instante fomos empurrados para cima do navio e içados para bordo. O meu colega, que em geral estava só, a partir daquela altura procurou estar sempre ao pé de mim quando íamos para terra ou quando fazíamos alguma actividade a bordo.

Noutra ocasião estava na praia de Mira e o mar estava um pouco agitado como aliás costuma acontecer aí com frequência. A praia estava cheia de gente. De repente ouviam-se gritos de todos os lados. Um homem estava aflito na água e ia sendo arrastado sem poder fazer nada. Pedia aflitivamente que o ajudassem. A mulher e outros familiares gritavam em altos brados. O barulho era infernal mas ninguém mexia um dedo para ajudar o homem. Como sempre tem acontecido em situações semelhantes há uma força que me empurra para o centro dos acontecimentos. Aproximei-me do homem e em pouco tempo estávamos quase juntos. A minha mulher ainda entrou na água e gritava-me "cuidado que vais morrer!" Isto fez-me ser mais cauteloso, mas fui-me aproximando do homem com as mãos estendidas. Dava-lhe ânimo e dizia-lhe que lutasse. Se precisasse eu o apanharia logo. Pouco depois estávamos de mãos dadas e pouco depois tivemos pé podendo caminhar para a praia. O homem foi abraçado pela mulher e outros familiares que desapareceram rapidamente sem me dizer uma palavra de agradecimento.

É curiosa a maneira tão diferente como as pessoas aqui relatadas procederam depois de serem salvas. O carpinteiro cheio de gratidão, construiu um bote nas suas horas vagas que me ofereceu. Os dois irmãos nunca mais se referiram ao caso. O meu colega da marinha nunca me falou do assunto mas seguia-me para todo o lado. Finalmente o senhor de Mira chegou à terra e desapareceu com a mulher e outros familiares. Será que alguém pensou que pus a minha vida em perigo para salvar a deles? De qualquer modo nunca me arrependi do que fiz e sinto-me sempre satisfeito quando penso que evitei uma tragédia em cada um dos casos relatados. Um pormenor que nunca pude compreender é que em casos semelhantes as pessoas gritam em altos brados mas quase ninguém ajuda a pessoa em perigo.

Para finalizar vou relatar um ultimo caso que me afectou profundamente. Estava num tanque bastante grande na propriedade do Sr. Faia Rocheteau na Fajã, Paul, estando presentes muitos elementos da sua família, da minha, e muitos outros elementos do Paul. Aparentemente o tanque não oferecia perigo algum. Parecia ser um lugar de paz mas as pessoas esqueceram um ponto muito importante: o fundo do tanque tinha lodo e terra em grande quantidade. Com várias pessoas a nadarem ao mesmo tempo o lodo e a terra foi remexida e em pouco tempo a água ficou castanha. Já não se via ninguém que mergulhasse no tanque. A complicar tudo alguém disse ao meu irmão mais novo que se atirasse a água. Ele tinha 4 anos de idade e mergulhava logo mas esperava que a pessoa que lhe deu a ordem fosse aquela que o iria ajudar a chegar a extremidade do tanque. Mas tal não sucedeu. Fiquei aterrado com a situação que se criou e alarmado pensando que devia ser socorrido imediatamente pois depois de mergulhar não voltou a superfície. Embora ainda longe do sítio onde se atirou dirigi-me logo para ai. Quando me pareceu que estava na vertical do local onde devia estar o meu irmão fui mexendo os braços em todas as direcções. Nada encontrei e voltei a superfície. Respirei fundo e voltei de novo tendo então encontrado finalmente o meu irmão. Este foi um dos momentos mais difíceis em que me encontrei e sentia-me impotente para ajudar pois a visibilidade era nula e só por sorte consegui acha-lo. A perda do meu irmão em tal situação seria devastadora.

7. Universidade de Coimbra

Pensava que um professor da universidade era um homem respeitável certamente com barbas brancas, um homem que sabia tudo e de poucas falas. Ao começar a ensinar na universidade vi que nada do que eu pensava anos atrás estava correcto. Tinha 23 anos de idade e as barbas brancas ainda estavam bem longe. Quanto a saber tudo vi logo que não era verdade. O que aprendi logo no início é que o professor tem que estudar tanto ou mais que qualquer estudante...

A Primeira Universidade onde Ensinei

Ao terminar a minha licenciatura em Engenharia Geográfica passei a ser assistente da Universidade de Coimbra e a ensinar as aulas práticas de Mecânica Celeste, Topografia e Matemáticas Gerais. A primeira tinha como professor das aulas teóricas o Doutor Manuel dos Reis, a segunda o Doutor Manuel Neto Murta e a terceira o Doutor Manuel Esparteiro. Os dois primeiros não morriam de amores um pelo outro de modo que para manter o equilíbrio eu não falava de nenhum deles ao outro. Assim pudemos viver sempre em perfeita harmonia.

Como disse atrás pensava que um professor da universidade era um homem respeitável certamente com barbas brancas, um homem que sabia tudo e de poucas falas. Ao começar a ensinar na universidade vi que nada do que eu pensava anos atrás estava certo. Tinha 23 anos de idade e as barbas brancas ainda estavam bem longe. Quanto a saber tudo vi logo que não era verdade. O que aprendi logo no início é que o professor tem que estudar tanto ou mais que qualquer estudante. Nas cadeiras de Mecânica Celeste e Topografia a maioria dos meus alunos tinham sido meus colegas no ano anterior. Isto permitiu-me estar completamente à vontade. Numa das aulas de Mecânica Celeste enganei-me num determinado problema. Podia ver e sentir a ansiedade dos meus alunos (colegas). Não queriam de modo nenhum que eu fizesse má figura. Ao dar com o erro e ao fazer a correcção recordo-me da cara satisfeita dos meus colegas. Curiosamente senti-me mais satisfeito por eles do que por mim. Foi um começo bastante bom para mim pelo apoio que eles me deram. No ano seguinte fui encarregado das aulas teóricas de Probabilidades Erros e Estatística tendo sido “toureado” como descrevi noutro sítio.

Em Mecânica Celeste recordo-me da precisão com que tinha de classificar os exames. Fazia o trabalho e depois entregava os exames ao Doutor Manuel dos Reis. Fazia as correcções com bastante cuidado pois sabia que o menor descuido seria detectado por ele. Numa das ocasiões em que tinha acabado de corrigir os pontos a minha mulher perguntou-me o que iria suceder a um grupo de seis alunos que tinham nove valores na prova escrita. Disse-lhe que estava convencido que o Doutor Manuel dos Reis os reprovaria. Ela disse-me:

Se sabes disso e deixas ficar os noves então és mau.

Isto fez-me rever os exames e todos os seis alunos ficaram com nove valores e meio, nota suficiente para irem ao exame oral. Alguns dias depois ia com a minha mulher de carro quando vi o Doutor Manuel dos Reis a caminhar em direcção à universidade. Ofereci-lhe uma boleia e lá seguimos juntos. Conversamos sobre vários assuntos e veio à baila a correcção das provas escritas. Perguntei-lhe pelos resultados. Ele respondeu:

Estava tudo muito bem à excepção dum grupo de nove e meio. Eles estavam um pouco favorecidos. Ficaram todos reprovados com nove.

Comecei a rir e disse-lhe:

Estas eram as classificações iniciais. A minha mulher é a responsável pela subida do meio valor.

Ele riu-se e disse à minha mulher:

Minha senhora, não se meta nos nossos exames.

O Doutor Manuel dos Reis nunca mais teve necessidade de alterar as minhas notas.

O Doutor Manuel Esparteiro quando fazia as orais começava às oito horas da manhã para parar entre as oito e as onze horas da noite. Muitos alunos tinham a preocupação de arranjar uma "cunha". O Doutor Esparteiro escrevia o nome da "cunha" ao lado do nome do aluno. Não escondia o facto e tinha inúmeras anedotas a propósito. A um aluno que apresentava três "cunhas" ele disse:

O senhor não sabe nada disto.

O aluno respondeu:

Como sabe disso, senhor Doutor. Ainda não me fez nenhuma pergunta.

Muito simples. O senhor tem logo três "cunhas"...

Outras vezes, julgo que propositadamente, chamava o nome da "cunha" em vez do nome do aluno:

Agora vem a exame o Coronel ... Oh, este é a "cunha". O aluno é o Senhor...

Embora escrevesse o nome das "cunhas" a indicação é que o aluno devia saber pouco e fazia um exame para um nível de dez valores. Se o aluno se aguentasse passaria com dez valores, em caso contrário reprovaria. Conta-se que dois irmãos foram fazer a prova oral. O professor viu que ambos sabiam muito pouco e terminou os exames fazendo-lhes a mesma pergunta:

O senhor pratica desporto?

O primeiro respondeu:

Oh sim...

e descreveu os inúmeros desportos que praticava acabando por dizer que era um bom nadador. O segundo, pelo contrário, respondeu:

Desporto não é para mim.

O Doutor Esparteiro atenciosamente escrevia às "cunhas" dando notícias do resultado dos exames. Neste caso escreveu:

Fiz exame a fulano e beltrano. O primeiro nada. E o segundo nem nada.

O meu casamento foi por procuração mas naquele tempo as comunicações com Cabo Verde não eram rápidas. A procuração demorou a atingir o destino de modo que me convenci que o casamento se realizaria mais tarde do que estava projectado. O dia inicialmente previsto, 26 de Março, foi passado fazendo exames com o Doutor Esparteiro até às dez da noite. Quando voltei a casa encontrei telegramas dando-me parabéns e soube que o casamento pôde ser realizado na data prevista. No dia seguinte às oito horas começamos os exames de novo e eu disse ao Doutor Esparteiro:

Sabe, casei-me ontem.

Ele nunca se casou e brincava sempre falando contra o casamento. Ao ouvir o que eu lhe dissera deu um salto na cadeira e disse:

Homem, o que você foi fazer?

Levou tempo a explicar-lhe que o casamento já estava previsto para aquela data, que a minha mulher estava em Cabo Verde e que não foi decisão da noite anterior. De qualquer maneira ele repetia:

O que você foi fazer!

No dia em que as alunas de nome Maria (nome muito comum em Portugal) faziam exame oral ele ia avisando os amigos que encontrava pelo caminho. Costumava fazer 40 exames naquele dia e ao fim transmitia a estatística aos amigos:

Hoje, dia das Marias, ganhei 24 contra 16

ou:

Hoje, dia das Marias, perdi 22 contra 18

E acrescentava:

Estou a ficar velho!

Se eu lhe contasse uma anedota respondia-me logo com outras duas pelo menos.

Sobre o Doutor Manuel Murta referi-me a ele noutro local [ver: *Uma Amizade Cimentada ao Longo de 35 Anos*, na página 77].

Algum tempo depois de completar o doutoramento fui autorizado a fazer uma comissão de serviço na Universidade de Lourenço Marques onde estive sete anos. Antes de voltar para Coimbra estive a estagiar em Paris, em Fotogrametria, durante oito meses. A Universidade de Coimbra não me autorizou ficar mais tempo em comissão de serviço. Ficou assim decidido voltar para Coimbra. Ainda estava em Paris quando, alguns meses depois, se deu o 25 de Abril em Portugal. Algum tempo depois voltei a Lourenço Marques onde estive 15 dias antes de voltar para Coimbra. Já tinha feito o concurso para professor auxiliar de modo que voltei com essas funções ocupando depois o lugar de professor agregado e mais tarde o de professor catedrático.

Depois do 25 de Abril a academia esteve em efervescência por alguns anos. Assim os alunos de Engenharia Civil recusaram aceitar o programa de Mecânica Racional. Foi-me pedido ir dar aquelas aulas. O entendimento com os alunos não foi difícil. Tive também de ser o presidente da comissão de gestão do observatório astronómico onde houve anteriormente desentendimento entre algumas pessoas.

Três ou quatro anos depois pretendi terminar o meu estágio em Fotogrametria. Foi-me recusado com o argumento de que fazia falta ao serviço. Achei injusta a decisão pois muitos colegas iam obtendo a permissão para fazer outros estudos. O conselho directivo da Matemática não aceitou a minha exoneração e foi-me concedida uma licença sem vencimento podendo assim ir para os Estados Unidos. A minha estadia no início foi descrita noutro local: *Chegada à América* [ver na página 95].

Quando estava a começar o último ano do meu segundo doutoramento, nos Estados Unidos, requeri que a minha licença passasse a licença com vencimento. A minha pretensão não teve nenhuma resposta durante um ano aproximadamente. Depois foi-me concedida a licença pelo ano que tinha passado.

Rapidamente passei a estudar o meu regresso e soube então que tudo tinha encarecido de uma maneira incrível. O preço da renda da casa passou a ser quase o que eu iria ganhar. Para arranjar uma solução passei a encarar uma ida aos Açores em primeiro lugar. Aí tudo era mais simples pois havia casas para os docentes. Assim o problema mais difícil que era o da renda da casa desaparecia. No entanto, a Universidade de Coimbra respondeu ao meu pedido dizendo que já tinha estado em comissão de serviço em Moçambique e que portanto o meu pedido não podia ser deferido. Pouco depois recebi uma carta dando-me um mês para regressar.

A única solução que me pareceu viável naquela altura foi voltar e estar durante algum tempo num quarto de estudante pois a minha família não podia seguir comigo. A minha mulher estava a meio dos seus estudos para obter um mestrado, o meu filho mais velho a meio do bacharelato em engenharia electrotécnica e o mais novo, que estava no liceu, tinha começado os estudos nos Estados Unidos, de modo que dominava o Inglês mas não escrevia o Português, embora o falasse mais ou menos. A mudança iria acarretar sérias consequências para todos os elementos da família. Entretanto, de Coimbra exigiam que eu lá estivesse no prazo de um mês. Chegamos à conclusão de que o nosso regresso não poderia ser feito naquela altura e repentinamente.

Desde muito cedo que me liguei à Universidade de Coimbra. Nas decisões académicas que fiz nos Estados Unidos interrogava-me sobre a maneira de usar os conhecimentos que ia adquirindo, na Universidade de Coimbra e em Portugal. Não foi portanto de ânimo leve nem sem um valente impacto que pedi a exoneração do meu lugar de professor catedrático que foi o produto de inúmeros esforços e investimentos de toda a espécie ao longo de toda a minha vida. Mas deste modo não tive de fazer face ao problema económico que o nosso regresso iria acarretar, a minha mulher pôde acabar o seu mestrado, o meu filho mais velho pôde acabar o seu bacharelato e evitou-se o choque linguístico para o mais novo com todas as suas consequências.

No entanto, a chama do regresso à educação em Portugal não se apagou e assim há três anos levantou-se a hipótese de ir para a Universidade de Aveiro. Fui estudar esta possibilidade. Encontramos ainda algumas dificuldades. A minha mulher trabalhava como professora na área de Boston e o meu filho mais novo estava a terminar o mestrado em Administração e Gestão de Empresas para depois começar o curso de direito. De novo concluímos que não era conveniente seguirmos naquela altura.

Há uns dias, no mês de Julho de 1997 telefonei a uma boa amiga minha e da minha mulher para saber informação sobre os meus anos de serviço e ela pôs-me em contacto com outro amigo e antigo aluno e eles avivaram de novo a chama do regresso a Portugal agora com o pensamento na Universidade Nova de Lisboa. Deram-me conhecimento da existência duma vaga a que eu concorri. Presentemente a minha mulher já está reformada e os meus filhos acabaram os seus estudos. O momento parece apropriado para regressar. Veremos o que Deus tem reservado para nós.

8. Uma Amizade Cimentada Ao Longo de 35 Anos

Um certo dia vinha com cara de caso e perguntou-me se eu gostaria de ser Assistente da Universidade de Coimbra. Respondi-lhe que seria uma honra para mim. Ele então com voz solene disse: *Em nome do Director da Faculdade de Ciências, Doutor Pereira Dias, convido-o a ser Assistente quando acabar o seu curso.*

Encontrava-me num exame na Universidade de Coimbra. Faltavam ainda dois anos para terminar o meu curso. O professor que fiscalizava o exame era desconhecido para mim. Um dos problemas a resolver era o cálculo da soma duma série. O problema não era difícil, mas naquela altura do curso ainda era complicado para os alunos. O professor ia olhando para os exames para ver como os alunos iam progredindo na resolução do problema. A certa altura viu-me chegar ao fim e em voz bastante alta disse várias vezes: *Pois claro!* E ria-se satisfeito. Tratava-se do Professor Doutor Manuel Neto Murta e mal sabíamos que aquele pormenor ia ser o começo duma grande amizade e da definição duma carreira para mim.

Aquele exame foi um cartão de visita. A partir daquela altura sempre que nos encontrávamos parávamos para conversar sobre vários assuntos. Um certo dia vinha com cara de caso e perguntou-me se eu gostaria de ser Assistente da Universidade de Coimbra. Respondi-lhe que seria uma honra para mim. Ele então com voz solene disse:

> *Em nome do Director da Faculdade de Ciências, Doutor Pereira Dias, convido-o a ser Assistente quando acabar o seu curso.*

Passamos aos pormenores e ele disse-me que gostaria que eu fosse seu assistente nas cadeiras de Topografia e Geodesia. Ser Assistente na Universidade de Coimbra significaria que ele se encarregaria de ensinar os assuntos teóricos e eu os práticos.

Ainda faltavam dois anos para acabar o curso de modo que foi minha preocupação preparar-me devidamente para exercer aquelas funções. Ninguém soube do convite a não ser nós dois e a minha mulher que na altura era minha noiva.

Observava a maneira como os professores davam as aulas, o que foi de grande utilidade para mim. Por outro lado, naquela altura já dava explicações a alguns dos meus colegas. Logo depois de assistir às aulas tinha de as preparar rapidamente para as ensinar aos colegas que me pagavam para isso.

As conversas com o Doutor Murta serviram para nos conhecermos um ao outro e a amizade foi-se desenvolvendo naturalmente.

Entretanto acabei o curso e comecei a ser Assistente dele como tinha sido previsto. Os anos foram passando e a amizade estendeu-se aos outros membros das famílias. As visitas eram cada vez mais frequentes. Entretanto fomos numa comissão de serviço na Universidade de Lourenço Marques e numa altura em que o casal foi a Moçambique já não foram apenas dois amigos que recebemos mas sim duas pessoas de família. Ao voltar para Coimbra contávamos sempre com o casal nos dias de Natal e muitas vezes éramos seus convidados para almoçar ou jantar. Demos longos passeios de carro que eram bastante apreciados pois tínhamos tempo para conversarmos. A nossa despedida quando vínhamos para os Estados Unidos foi triste pela grande distância que ficaria entre nós. Nunca deixamos de nos contactar através de cartas ou pelo telefone.

Entretanto, o Doutor Murta ficou doente. A doença foi longa o que nos deu a esperança de não ser grave. Por duas ou três vezes decidimos ir a Portugal mas foram aparecendo actividades em Cabo Verde que nos desviaram do nosso destino. No Verão de 1994, quase que sucedia o mesmo mas daquela vez já nada nos desviaria de ir a Coimbra ver os nossos amigos Murta e Oliveira que se encontravam doentes. Pouco depois de termos chegado a Lisboa fomos a Coimbra. Foi-nos dito que o Doutor Murta se encontrava no Hospital da Universidade para exames. Ao chegarmos juntos à porta do quarto onde se encontrava ele disse com voz bastante forte:

Aqui está ele. Já lhe reconheci a voz. Entrem!

Seguiu-se um abraço longo e apertado como que a tentar fazer desaparecer 16 anos de ausência. Não sabia da gravidade da doença, mas notei que o Doutor Murta estava leve como uma pena. O pensamento, a atitude, o humor, estes, continuavam na mesma embora o Doutor Murta soubesse do seu estado de saúde. Alguns dias depois compreendi que o Doutor Murta morreu da mesma maneira com que viveu: com muita dignidade.

Sempre sonhei com o meu regresso a Coimbra. Via-me palmilhando as ruas da cidade, percorrendo a Universidade e falando com as pessoas que lá deixei. Porem não o consegui fazer e combinamos voltar alguns dias depois para aí estarmos dois dias pelo menos. O tempo evaporou-se e tivemos que embarcar de volta para os Estados Unidos. Telefonamos depois de chegar para saber notícias e a

Senhora Dona Silvina, esposa do Doutor Murta, deu-nos a notícia do seu falecimento. Senti ter perdido uma pessoa muito amiga e muito querida.

Algum tempo depois a Dona Silvina dizia-me pelo telefone que o Doutor Murta lhe tinha pedido que me desse o seu anel de curso. Acrescentou que mo mandava exactamente como estava. Por isso não quis mandar limpá-lo. Fiquei emocionado com aquele sinal de afecto, com o gesto de me aproximar mais do Doutor Murta mandando-me o anel tal qual tinha sido usado e mais ainda ao dizer-me:

> *O Manuel recomendou-me que não me esquecesse de mandar o anel para o seu rapaz.*

A minha mulher foi também tocada profundamente e senti a sua amizade quando me disse:

> *Deixas-me usar o anel de vez em quando?*
>
> *Sempre que quiseres,*

respondi.

Neste momento acredito que o Doutor Murta estará olhando para nós sorrindo ao ver o anel a trocar de mãos para estarmos mais perto dele. Este é o anel mais precioso que já tive pela profunda amizade que ele simboliza. Ia deixar por dizer que o anel é de grande valor material: é um anel de ouro com diamantes valiosos e uma água marinha de grande valor.

9. Universidade de Lourenço Marques

Passei sete anos na Universidade de Lourenço Marques. Pela primeira vez vivia no gigantesco, misterioso e grandioso continente africano, numa cidade bastante bonita. Passamos o nosso primeiro Natal em África no Kruger Park . Pudemos passar um dia de Natal memorável no hotel que aí existia. À noite podia-se ouvir, na segurança do hotel, os gritos dos animais selvagens muito próximos, à nossa volta...

Passei sete anos na Universidade de Lourenço Marques. Pela primeira vez vivia no gigantesco, misterioso e grandioso continente africano, numa cidade bastante bonita, com um estilo de vida completamente diferente e uma universidade jovem a palpitar.

Na universidade tudo era diferente: os alunos, os professores, os edifícios, os programas, o reitor e o vice-reitor dinâmicos e cheios de boa vontade. O desejo de fazer bom trabalho era grande.

As visitas de personagens do Governo Central eram constantes e quando aconteciam havia uma recepção no Governo Geral e outra oferecida pela universidade. As pessoas encontravam-se portanto constantemente nessas recepções.

Lourenço Marques e África do Sul

Nas férias ia-se sempre à vizinha África do Sul. O país é bastante lindo, as compras bastante apreciadas por todos, especialmente pelas senhoras.

Embora as pessoas se sentissem seguras tanto em Moçambique como na África do Sul, eu particularmente sentia que havia qualquer coisa de artificial que não me permitia ser completamente feliz. Sempre circulei por toda a parte em completa liberdade mas via que a vida não era natural. No entanto era novo em África e punha a hipótese de estar enganado.

Na África do Sul visitamos o Kruger Park com os animais selvagens vivendo no seu ambiente natural e podendo ser vistos diariamente. O facto do homem aparecer aqui a viver tão perto dos animais selvagens parece tão natural que tem sido fatal para muitos.

Numa certa ocasião um turista não apareceu num determinado ponto onde os guardas verificavam os nomes e as matriculas dos carros. Partiram imediatamente à procura dele e pelas pegadas puderam reconstituir tudo o que se tinha passado: O carro avariou-se e ele, em vez de se conservar dentro do carro, abandonou-o e tentou chegar ao acampamento mais próximo. Viam-se as pegadas dum animal que estava numa árvore e que saltou para o chão e depois as pegadas em direcção ao turista. Pôde-se ver também que ele correu e que foi morto pelo animal.

No dia em que chegamos a Moçambique pela primeira vez ficamos impressionados ao ler a descrição da aventura dum turista que parou para observar uma manada de elefantes. Tudo correu bem até ao momento em que um elefante bebé se aproximou do automóvel e encostou a tromba no tubo de escape. Urrou de dor causando o ataque ao automóvel que foi virado e pisado até que por sorte apareceu um segundo automóvel. O condutor inadvertidamente pôs a mão na buzina. Os elefantes afastaram-se por algum tempo permitindo aos ocupantes do primeiro automóvel sair pelas janelas partidas e ser recolhidos pelo segundo que fugiu imediatamente.

Passamos o nosso primeiro Natal em África no Kruger Park. Pudemos passar um dia de Natal memorável no hotel que aí existia. À noite podia-se ouvir, na segurança do hotel, os gritos dos animais selvagens muito próximos, à nossa volta.

Durante o dia íamos de acampamento em acampamento ver os animais selvagens. Numa certa altura a minha mulher vinha a dirigir e vimos elefantes aproximando-se na nossa direcção. A aventura dos elefantes a pisarem o automóvel nunca me saiu da cabeça de modo que lhe disse que não parasse de modo a que os elefantes pudessem passar na parte de trás. Ela pôs-se a rir encantada com a hipótese de ver os elefantes mesmo aí pertinhos e parou. A certa altura os inúmeros elefantes passavam à nossa frente e atrás de nós, alguns mexendo as grandes orelhas ameaçadoramente. Escusado dizer que apanhei um grande susto.

Tivemos ocasião de visitar as enormes e bem recheadas lojas da África do Sul e tudo a preços que comparados com os que estávamos habituados a pagar nos pareciam extraordinariamente baratos. Numa das nossas deslocações tivemos oportunidade de subir uma montanha com uma vista maravilhosa e no planalto atravessamos uma floresta com árvores gigantes e lindas. Entretanto, começou repentinamente um temporal em que a chuva caia fortemente. Encostamos o carro na berma da estrada mas não nos sentíamos seguros com as rajadas de vento fortíssimas acompanhadas de bastante chuva. Depois tudo serenou repentinamente como tinha começado. A chuva parou e o Sol voltou dando a impressão de que a paisagem era ainda mais bonita.

Joanesburgo era uma cidade com uma actividade bastante grande. Impressionou-nos o facto das cinco horas a cidade ficar deserta. Pouco tempo depois só a minha mulher, o nosso filho e eu percorríamos as montras da cidade. Pelo ar espantado dos guardas das lojas, compreendemos o perigoso que se tornava esta prática tão comum em Lourenço Marques e refugiamo-nos imediatamente no hotel.

Depois de estarmos alguns anos em Moçambique tivemos a oportunidade de participar numa conferência que teve lugar no luxuoso paquete Príncipe Perfeito navegando na costa. Como parte da conferência visitamos o parque da Gorongosa muito semelhante ao Kruger Park mas muito mais selvagem, portanto muito mais próximo da realidade.

Também visitamos a Ilha de Moçambique, uma pequena ilha tendo à volta de 400 metros de largura máxima e 1000 metros de comprimento. A ilha mostrava-se dividida em três partes: uma europeia numa das extremidades, uma indiana no centro e uma terceira africana na outra extremidade. As casas, eram diferentes nas três zonas assim como as pessoas, as línguas, os vestuários, etc.

A bordo, em conversa com o reitor duma universidade brasileira, disse-lhe:

> *Admiro o Brasil principalmente pela ausência de racismo.*

Ele respondeu:

> *Está enganado. O único local que conheço em que se pode fazer esta afirmação é nas ilhas de Cabo Verde.*

Fiquei satisfeito e surpreendido e disse-lhe que era Cabo-verdiano. Fiquei a pensar que gostaria que o que ele me disse fosse inteiramente verdade.

Se a minha mulher não tivesse estado doente em Moçambique diria que passei aí os melhores anos da minha vida. Encontrei velhos amigos e havia tempo para tudo. Os transportes diários reduziam-se a um máximo duns 15 minutos e o tempo podia ser aproveitado para as pessoas fazerem os seus afazeres e conviverem. As praias eram enormes e estendiam-se à volta da cidade. As vistas do mar eram soberbas.

Tive ocasião de fazer vários passeios com os estudantes da universidade. Num deles passamos alguns dias no Xai-Xai num local onde o mar entra por uma pequena abertura formando uma grande área onde se nada. Noutra ocasião fomos à Ponta do Ouro que faz a fronteira mais a Sul com a África do Sul. O local é deserto e bastante bonito. Numa terceira saímos de Moçambique para acompanhar os estudantes que representavam a universidade num campeonato de basquetebol que se realizou em Portugal. A Universidade de Lourenço Marques sagrou-se campeã. Além dessas houve várias outras saídas. Havia tempo para tudo.

Os estudantes participavam da vida da universidade nova. Podia-se ver a maneira responsável como encaravam tudo e tornava-se simples ensinar tais estudantes. As matérias ensinadas tinham bom nível e os alunos correspondiam perfeitamente.

A amizade entre os docentes era visível e a entreajuda estava sempre presente. A passagem por Moçambique nunca será esquecida. Foi pena ter de voltar.

Ganhava-se razoavelmente mas no meu caso o balanço monetário foi negativo. Ficamos tão entusiasmados com Moçambique que tudo o que tínhamos ganho nos anos anteriores em Portugal foi transferido para Moçambique para comprarmos um apartamento num nono andar com vista sobre toda a cidade e sobre o mar à volta. Mais tarde o apartamento foi vendido e o dinheiro aplicado na compra duma moradia. Quando voltamos para Portugal, depois da independencia de Moçambique, as casas foram nacionalizadas e ficamos sem dinheiro e sem casa. Nunca nenhum elemento da família lamentou tal facto. A matéria perdeu-se mas as inúmeras experiências de sete anos inolvidáveis ficaram connosco para sempre. Recordamos com saudades as pessoas e os lugares. Se fosse possível rodaríamos de novo a película da vida.

10. Beatriz e Valério

Beatriz foi a nossa cozinheira quando chegamos a Lourenço Marques. Um dia Beatriz disse-me que não viria trabalhar no dia seguinte porque ia tirar um dente. Perguntei-lhe se não queria que lho tirasse pois o dente não parecia ser forte. Ela ficou contente com a ideia pois não pagaria ao dentista. A minha mulher estava a dormir de modo que pudemos ir avante com o projecto...

Beatriz foi a nossa cozinheira quando chegamos a Lourenço Marques. Pensava que ela teria uns 50 anos pois tinha um dente na parte da frente que cavalgava o lábio inferior fazendo-a parecer mais velha e feia. O dente devia ter um comprimento duplo dos outros.

Um dia Beatriz disse-me que não viria trabalhar no dia seguinte porque ia tirar o dente. Perguntei-lhe se não queria que lho tirasse pois o dente não parecia ser forte. Ela ficou contente com a ideia pois não pagaria ao dentista. A minha mulher estava a dormir de modo que pudemos ir avante com o projecto.

Depois de verificar que o dente não era tão rijo como os outros, arranjei um fio bastante forte, amarrei o dente devidamente, mandei-lhe abrir a boca e fechar os olhos e um bom puxão pôs o dente fora da boca. O que não contei foi com o sangue que ia sair. Fui buscar água oxigenada e a confusão aumentou ainda mais. Ela atirava a água oxigenada para dentro da boca e depois atirava-a para fora cheia de sangue. Felizmente, a minha mulher apareceu naquela altura e embora impressionada com aquele sangue todo teve calma para fazer um tampão e tudo serenou. No dia seguinte quando a Beatriz voltou já recomposta da "operação" parecia 20 anos mais nova e embora não se pudesse dizer que passasse a ser uma estrela de cinema estava muito melhor.

Noutra ocasião a Beatriz pediu à minha mulher para ir passar uma semana em Inhambane, terra da sua naturalidade. Ela explicou que o pai tinha morrido havia alguns anos e que todos os anos faziam festa de cabrito. Certamente o pai já estava "chateado" , dizia Beatriz, de modo que tinham de fazer festa de boi. Disse que estaria de volta na quarta-feira. A minha mulher disse-lhe que Inhambane ficava muito longe e por isso que estivesse um mês. Beatriz recusou e insistia que estaria de volta na quarta-feira.

Ela seguiu para Inhambane e não apareceu na tal quarta-feira nem no fim dum mês ou dois. Arranjamos outra cozinheira que esteve connosco à volta de seis meses. Esta no entretanto deixou de trabalhar lá em casa numa terça-feira. No dia seguinte ainda não eram sete horas da manhã quando bateram à porta. Fui abrir, Beatriz entrou e disse-me bom dia com toda a naturalidade como fazia sempre e dirigiu-se para a cozinha.

Contei à minha mulher que era a Beatriz que disse "Bom dia" e foi para a cozinha.

Que faço agora?

perguntei.

A minha mulher respondeu:

Nada, não temos cozinheira. Deixa-a à vontade.

Mais tarde a minha mulher foi falar com ela e disse-lhe:

Beatriz, ficaste para aparecer na quarta-feira e já se passaram muitos meses.

Senhora, que dia é hoje?

perguntou Beatriz.

Hoje é quarta-feira

respondeu a minha mulher.

Está a ver! Precisamente o dia em que eu disse que voltaria.

Não foi possível explicar-lhe que ela não tinha voltado na data prevista.

Um certo dia Beatriz deixou de aparecer. Ao terceiro dia a minha mulher disse-me:

A Beatriz só deixaria de aparecer, sem avisar, se estivesse doente. Temos de procurá-la. Ela pode estar a precisar de nós.

Mas não sabemos onde ela mora, disse eu. *Só sabemos onde fica o desvio que ela costuma tomar,*

acrescentei.

Não faz mal, encontraremos a casa dela,

disse a minha mulher.

Dirigimo-nos ao Bairro do Caniço e quando chegamos ao tal desvio deixamos o carro e seguimos a pé. A picada era tão estreita que os dois tínhamos de avançar em fila indiana. As pessoas nas cubatas paravam as suas actividades espantadas de nos ver aí. Estava-se em plena guerra que só viria a acabar com a independência de Moçambique. Ainda tentei convencer a minha mulher que era perigoso irmos ao Bairro do Caniço mas ela perguntou-me:

Tens medo?

Então desisti de a convencer. A certa altura encontramos um menino em idade escolar que sabia falar português e nos disse que sabia onde morava a Beatriz e foi mostrar-nos a casa dela. A Beatriz ficou bastante contente e realmente ainda tinha febre. Disse que voltaria logo que estivesse boa e assim fez realmente.

A viagem de regresso fez-se sem novidades, mas alguns dos nossos amigos, quando souberam da aventura, reprovaram-nos dizendo que se desaparecêssemos nunca saberiam onde procurar-nos. Realmente ninguém sabia da nossa viagem.

Beatriz fazia um pouco de tudo em casa. No entanto não era assim que se fazia em Moçambique. A cozinheira só cozinhava e lavava a roupa. Porém tínhamos uma máquina de lavar a roupa de modo que este pormenor complicava a divisão de atribuições. Num certo dia a Beatriz resolveu muito filosoficamente pôr as coisas no seu devido lugar. Ela estava a passar a ferro e disse para a minha mulher:

Senhora, não sei se sabe que a Beatriz há uns anos teve um grande desastre.

Não, não sabia,

respondeu a minha mulher.

Pois é verdade! E até veio no jornal. O machimbombo (autocarro) *virou-se, morreu muita gente e feriu-se também muita gente. Um dos feridos fui eu. Então a senhora não leu? Lá dizia "A Beatriz ficou ferida".*

A minha mulher respondeu:

> *Beatriz, se foi há muitos anos eu ainda não estava em Moçambique e por isso não podia ter lido. Mas ficaste boa, não foi? Porque estás a contar tudo isto agora?*

Beatriz continuou:

> *O problema é que me deram no hospital sangue doutra pessoa. Agora tenho dois sangues e a senhora sabe que dois sangues com ferro eléctrico não dão bem.*
>
> *Já percebi, Beatriz. Vou arranjar um "mainato"* (rapaz que passa a ferro) *para que não tenhas um choque eléctrico,*

disse a minha mulher. Assim Beatriz conseguiu dividir o trabalho em casa, deixando de passar a ferro, coisa de que ela nunca gostou como mais tarde confessou.

Entretanto a Beatriz já não estava connosco e o "mainato" tinha ido para a terra para se casar. Ao chegar à casa num certo dia estava um rapaz muito bem vestido e com bom aspecto à nossa espera e, o nosso filho mais velho que devia ter na altura 11 anos, estava a conversar com ele.

> *Este é Valério. Veio ver se precisamos de cozinheiro e recebe 1000 escudos por mês.*

Entretanto entramos em casa e ele acrescentou:

> *Fiquem com ele pois é bom rapaz.*

O Valério ficou assim connosco, e seria o nosso cozinheiro até deixarmos Moçambique.

Alguns dias depois mudamos de casa para uma moradia e quando tudo estava arrumado Valério trouxe com ele outro rapaz um pouco mais novo e apresentou-o:

Este é Vicente. Ele é "mainato" e recebe 600 escudos.

Ficamos assim com Valério e Vicente. Mas tínhamos na altura o nosso segundo filho com dois anos mais ou menos de modo que uns dias depois apareceram três rapazes. O terceiro era muito mais novo que os outros e foi apresentado por Valério:

Este é Chico. Ele brinca com o menino e toma conta dele. Recebe 400 escudos.

Ficámos com "todos" os lugares preenchidos e o trio estaria connosco até sairmos de Moçambique.

Tinha pedido ao Valério que quando viesse das compras me mostrasse todas as moedas de 10 centavos. Eu analisava-as verificando as datas. Ele perguntou-me o que via nas moedas. Expliquei-lhe que coleccionava moedas e que havia duas moedas de 10 centavos iguais mas com datas de emissão diferentes. Era já muito difícil encontrar uma delas. Ele então disse-me que conhecia uma senhora que tinha uma mala cheia de moedas e que me arranjaria as que quisesse. Ele falou com a senhora que me mandou dizer para ir lá quando quisesse. Fui com o Valério procurar a tal senhora. Chegámos ao Bairro do Caniço e daí já não se podia usar o carro. Perguntei ao Valério se era longe e ele disse-me que ficava atrás dumas árvores que se via a uns 50 metros de distância. Deixámos o carro e passamos a ir a pé. Levámos quase uma hora para chegar à casa da tal senhora "atrás das árvores". A viagem recordou-me a outra para a casa da Beatriz. O que os meus amigos nos disseram naquela altura estava sempre presente na minha mente. Entretanto, chegámos à casa da tal senhora que realmente tinha uma mala cheia de moedas. Ela disse-me que procurasse à vontade moedas que eu gostaria de ter. Perguntei-lhe para que queria as moedas e ela respondeu-me:

Não gasto estas moedas. Um dia vou levá-las ao banco e troco-as por notas e vou visitar a minha terra, Cabo Verde.

Ela ficou satisfeita quando lhe disse que era também de Cabo Verde. Disse-me que era da Boa Vista, mas que tinha ido muito pequena para Moçambique. Não se lembrava da terra e nem sabia se ainda teria familiares na ilha da Boa Vista.

Uma história parecida passou-se quando estavam a construir a nossa casa. Os azulejos da casa de banho estiveram sem ser postos durante algum tempo pois o construtor disse-nos que tinham que ser colocados por um especialista. Este apareceu um dia e ficámos impressionados com a maneira como falava e gesticulava, lembrando um médico de Cabo Verde, Dr. Daniel Tavares. A nossa surpresa aumentou ainda mais quando nos disse ser de Cabo Verde e chamar-se Tavares. Contou que foi pequenino para Moçambique com o pai e que não se lembrava nada de Cabo Verde. A nossa amizade aumentou de tal maneira que passei a procurar um emprego para mais em conformidade com as suas habilidades. Como resultado ele ficou a trabalhar como encarregado duma cadeia de apartamentos. Entretanto com a independência muitas pessoas saíram de Moçambique e entre elas o patrão dele que lhe propôs irem juntos para Portugal. Quando regressamos a Coimbra estivemos juntos e ele foi passar uma semana connosco.

Voltemos ao trio Valério, Vicente e Chico. Um dos empregados trouxe do talho carne que era só gordura. Disse que era carne para eles para ser feita com farinha. A minha mulher disse que não queria que fizessem comida assim. Eles comeriam da mesma comida que nós comíamos. Eles apreciavam a maneira como eram tratados e via-se que eram nossos amigos. Quando saíamos, faziam questão em vir os três à porta e fazer adeus. O nosso filho mais novo tornou-se muito amigo do Chico e qualquer coisa que lhe dávamos dizia logo:

O Chico também quer!

Um ano antes do 25 de Abril estávamos de viagem para a Europa. Iríamos ficar em França aproximadamente um ano onde eu iria estagiar em Fotogrametria. Antes de partirmos, Valério disse para a minha mulher:

Senhora, o meu coração está a chorar. Nunca mais veremos a senhora, os meninos e o patrão.

Deixa dessas coisas. Só vamos estar fora um ano e depois voltaremos, disse a minha mulher.

> *Não, são bons de mais para voltar. O meu coração não me engana. Nunca mais nos tornaremos a ver,*

disse Valério.

Quando estava em França, três ou quatro meses antes do 25 de Abril, a Universidade de Coimbra exigiu que eu optasse por Coimbra ou Moçambique.

Escrevi a mesma carta para as duas universidades perguntando quando seria aberto concurso para Professor Catedrático. De Moçambique, onde havia talvez mais de 30 vagas, nunca me responderam, certamente pensando que por ter casa não era capaz de deixar Moçambique. De Coimbra responderam logo que não havia nenhuma vaga, mas que iriam fazer força no Ministério da Educação para abrirem uma. Assim optei por Coimbra. Alguns meses depois deu-se o 25 de Abril e eu segui logo para Lourenço Marques, desta vez sem a família. Aquela viagem que era sempre feita com satisfação daquela vez foi com tristeza. Ia só para voltar logo a seguir, deixando assim Moçambique. Quando cheguei procurei encontrar Valério. Disseram-me que trabalhava numa farmácia. Ainda lá fui duas vezes mas não consegui encontrá-lo. O seu coração não o tinha enganado. Nunca mais nos tornamos a ver.

Quando saímos de Moçambique deixámos várias roupas minhas para o trio. O último sinal de amizade foi terem ido à casa da minha cunhada todos vestidos com as minhas roupas. Disseram à minha cunhada:

> *Hoje viemos visitar, mas queremos limpar a casa toda amanhã.*

Naquele dia foram para a sala e visitaram. No dia seguinte apareceram e deixaram a casa num brinco não tendo sido vistos nunca mais por nenhum dos nossos amigos.

11. Chegada à América

Quando cheguei à América fui viver com a minha família em New Bedford em casa dos pais da minha mulher até que arranjássemos emprego e casa. Tentamos viver ao pé deles de modo que procurei arranjar emprego em New Bedford. A única universidade que aí existia era a SMU, agora University of Massachusetts – Dartmouth. Dirigi-me a esta universidade e no processo de procura do Departamento de Matemática fui enviado de lugar para lugar...

Quando cheguei à América fui viver com a minha família em New Bedford em casa dos pais da minha mulher até que arranjássemos emprego e casa. Tentamos viver ao pé deles de modo que procurei arranjar emprego em New Bedford. A única universidade que aí existia era a SMU, agora University of Massachusetts, Dartmouth. Dirigi-me a esta universidade e no processo de procura do Departamento de Matemática fui enviado de lugar para lugar. Num certo momento estava a falar com o Director do Departamento de Física. Apresentei-me:

Salazar

E ele respondeu prontamente:

Lenine

Pensei que estivesse a brincar comigo mas era de facto aquele o seu nome. Não estava a fazer espírito com o meu nome. Conduziu-me ao Departamento de Matemática e aí um professor, muito amavelmente, explicou-me que eram poucos e que nenhum deles tinha intenção de sair. Portanto só havia a possibilidade de vaga se algum deles morresse. Aconselhava-me a deixar New Bedford.

Sempre com a ideia de fazer a vida em New Bedford concorri a um lugar no único liceu que ai existe. Fui entrevistado pelo director do Programa Bilingue que depois de ler o meu curriculum perguntou:

O doutoramento que aí está é mesmo doutoramento ou é porque chamam doutores a todos os estudantes de Coimbra?

Tinha entregue o curriculum cuja cópia se pode ver no último capitulo. Disse-lhe que lesse o meu curriculum de novo. Ele mostrava-me claramente que não simpatizava comigo e eu pagava-lhe com a mesma moeda.

A directora do PAC (Parents Advisory Committee) pediu-me para estar presente às reuniões que estavam a ter. Falamos bastante de educação e ela disse-me que queria a minha ajuda. Logo na primeira reunião a que estive presente estava também o Director do

Programa Bilingue que mostrou o projecto do programa do ano que ia começar, talvez com cerca de 200 páginas dactilografadas e disse que tinha de ser aprovado naquele dia. Eu disse logo que não ia aprovar uma coisa que não tinha lido. Ele riu-se como quem diz: "E que interessa a opinião de alguém que acaba de chegar?" Foi grande a surpresa dele quando um por um todos os outros disseram o mesmo e a reunião teve de ser adiada para dar possibilidade às pessoas de lerem o projecto. Ele saiu visivelmente contrariado e a despropósito disse:

> *Sei que o senhor tem mais estudos do que eu!*

Entretanto muitos concorrentes foram colocados e o meu nome não apareceu na lista dos professores. Possivelmente não conseguiram arranjar professores para todas as vagas e então, alguns dias depois de começarem as aulas fui chamado com o ordenado mínimo e as piores condições.

No liceu, como professor, a minha vida não foi nada facilitada. Algum tempo depois entrou na sala o superintendente, o director do programa bilingue e o director do programa no liceu que me parecia simpatizar comigo. Sentaram sem me dizerem uma única palavra e assistiram à minha aula. Eu explicava triedros, assunto que me era bastante familiar. Por isso era muito difícil acharem alguma coisa de negativo na minha lição, mas mesmo assim o superintendente não gostou da minha lição, segundo me disse depois, o director do programa do liceu. Perguntei-lhe porquê e ele contou-me a apreciação do superintendente:

> *O Salazar pode ter o doutoramento, mas não desce ao nível dos alunos, pois não usou régua no quadro para explicar os triedros.*

Fiquei espantado perante tal facto pois usar régua seria, sim, razão para crítica, mas fiquei impossibilitado de falar com o superintendente, pois a informação que me foi dada não era oficial. Foi-me prestada apenas por amizade. Alguns amigos disseram-me:

> *A razão da inimizade para contigo é teres o doutoramento. Não vês que eles só têm o bacharelato? A maneira de se mostrarem superiores é fazer-te a vida difícil.*

Entretanto foi posto a concurso um lugar para desenvolver materiais de estudo para alunos bilingues. Concorri e comunicaram-me que tinha sido escolhido (possivelmente tinha sido o único concorrente). Mandaram-me uma folha de nomeação para assinar. Reparei que me iam pagar como se tivesse apenas o bacharelato e como se não tivesse experiência nenhuma. Fui falar com o director do programa bilingue que me disse nada ter a ver com o assunto. Era um pormenor a ser tratado com o superintendente. Assim fiz e ele perguntou-me:

> *O seu doutoramento já foi aceite nos Estados Unidos?*
>
> *Nunca me foi dito que era necessário mas tratarei disso. Qual será o meu ordenado quando for aceite?*
>
> *Não faço a menor ideia,*

disse o superintendente.

O cálice já estava cheio. Escrevi a declinar a nomeação e resolvi desistir de New Bedford para sempre. Fui a Boston concorrer para as escolas de lá e no dia seguinte fui nomeado professor do Liceu Madison Park no programa bilingue.

Em Boston tudo foi diferente, pois era tratado com simpatia. Passou-se um ano durante o qual me dediquei ao ensino bilingue. Fiquei tão interessado que concorri para um segundo doutoramento em educação bilingue e matemática educativa na Boston University. Fui um dos escolhidos, mas um dos requisitos era não trabalhar a tempo total. Falei com o reitor do liceu que me disse me dispensaria duas horas cada dia e assim deixaria de ser a tempo total. Quanto a ordenado continuaria a ganhar como se estivesse a tempo total pois não havia outra maneira de pagamento. Embora grato não aceitei tal situação, pois, não queria originar problemas para ele. Foi um amigo que ganhei como tenho observado quando nos encontramos.

Passei a ser estudante a tempo total com um pequeno ordenado que era insuficiente para uma família viver. Entretanto vi um anúncio no jornal a pedir professores para a Northeastern University. Concorri e no dia seguinte comecei a ensinar três cadeiras de matemática. Como só poderia ensinar a tempo parcial tudo foi resolvido daquela maneira. Naquele tempo a Universidade tinha 50 mil alunos. O Departamento de Matemática era bastante grande.

Uma das cadeiras de Cálculo que ensinava era uma das 35 turmas da mesma cadeira que estavam a funcionar. Fiquei impressionado por não me terem sido pedidos os meus documentos. A entrevista foi tudo. Insisti em deixar as cópias que tinha comigo mas cedo compreendi a razão de não verificarem as habilitações e outros documentos: os alunos são distribuídos pelos professores, aproximadamente 20 para cada professor e têm três semanas para ficar com aquele professor ou mudar para outro. Se os alunos forem aumentando e se fixarem naquela turma, significa que os alunos gostam do professor e está tudo bem. Se, pelo contrário, os alunos forem minguando e forem menos de 10 a turma é cancelada e o professor fica sem a disciplina. Os alunos fazem o trabalho de avaliação. A administração não precisa de se preocupar demasiado com este pormenor. Pode parecer que os alunos podem ser atraídos facilitando-lhes a vida, mas neste caso eles sabem que não vão aprender convenientemente e fogem. O professor tem que conseguir um óptimo balanço em todos os aspectos.

Eu não sabia do "jogo" no início e estranhei ter cada vez mais alunos. Falei com o Director do Departamento o facto da sala já não comportar o número crescente de alunos. Ele disse:

> *Óptimo, vou-lhe dar uma sala maior. Alguns dias depois teve de me dar uma terceira sala. Desta vez deu-me um anfiteatro para 300 alunos.*

Entretanto, os alunos chegaram a 80. Na época seguinte soube que podia limitar o número máximo de alunos e assim nunca mais tive aquele número astronómico.

Fui também ensinar no Massasoit Community College e assim circulava entre as três universidades ora como aluno, ora como professor.

No ano seguinte mudei da Northeastern University para a Brown University no Estado de Rhode Island. Durante algum tempo escrevi materiais de estudo para a educação bilingue embora tivesse de treinar professores ao mesmo tempo. Sentia-me muito mais descansado pois as aulas na Northeastern University eram bastante desgastantes. Ao mesmo tempo estudava na Boston University e ensinava no Massasoit Community College. Esta foi a minha vida durante três anos. Para não perder o hábito também trabalhava nas férias dando aulas.

Do grupo que estava a fazer o doutoramento comigo fui o primeiro a terminar. Um dos meus colegas perguntou-me:

Vives na universidade?

Não,

respondi.

Mas... não trabalhas...

insistiu o meu colega.

Trabalho, sim,

disse eu.

Ele riu-se e disse:

Estás a enganar-me.

Se eu lhe dissesse que trabalhava em duas universidades por certo que não acreditaria em nada.

No primeiro verão que passámos na América as aulas terminaram em Junho e deixei de ganhar. A minha mulher não ganhava também nas férias de modo que os meses de Julho e Agosto não pareciam muito brilhantes. A nossa economia estava a zero. No entanto tudo se resolveu da maneira menos esperada.

Uma senhora que conheci pouco antes procurou-me e contou-me que o seu casamento estava em perigo. Para o salvar pretendia ir para a Califórnia com o marido. Para isso pediu-me que fosse falar com uma senhora chamada Júlia Gonsalves que estava reformada e tinha muitos conhecidos no meio educacional da Califórnia. Disse-me que ela tinha trabalhado muitos anos aí e deu-me a direcção da D. Júlia Gonsalves que por coincidência me tinha sido apresentada poucos dias antes numa festa. Fui à casa dela falar-lhe da senhora e ela prometeu interessar-se pelo caso. O casal, no entanto, desistiu de ir para a Califórnia e acabou mesmo por se divorciar.

Mas o encontro iria produzir sementes para mim. Uns dias mais tarde recebi um telefonema da D. Júlia Gonsalves pedindo-me para me encontrar com ela pois tinha um trabalho que queria que eu fizesse. Acabei por fazer o trabalho e numa das vezes em que nos tivemos de encontrar a minha mulher estava presente e a D. Júlia Gonsalves achou que ela era a pessoa indicada para fazer outro que ela tinha entre mãos. Num mês acabamos por ganhar o suficiente para ter umas férias sem preocupação. Aprendi uma lição muito importante: não vale a pena preocuparmo-nos demasiado. Deus vai resolvendo as coisas a seu devido tempo.

No segundo ano as economias não estavam famosas embora tivesse trabalhado em três universidades. Precisava de trabalhar nas férias de novo. No momento certo um senhor telefonou-me do Estado de Vermont. Ele precisava dum professor que ensinasse português a oito engenheiros da General Motors e que lhes falasse também de termos técnicos em português. No dia seguinte ele veio à minha casa ultimar o acordo e conheceu a minha mulher. Pediu-lhe para ensinar também português a um grupo dos filhos. Iriam também mais duas professoras: uma para as mães dos meninos e outra para um segundo grupo de filhos. O meu filho mais novo (que contava 8 anos) foi também contratado para falar com os meninos em português com direito a um quarto no hotel e alimentação.

Seguimos para Vermont por um mês. No dia em que chegamos reuniram os professores e quiseram que déssemos uma lição para criticarem e acertar agulhas. Nunca ensinei português. Apenas Matemática e cadeiras afins. No entanto, os estudos que tinha feito de educação bilingue permitiram-me criar um sistema de ensino duma segunda língua (português) dentro da filosofia do ensino bilingue. Ao terminar o meu ensaio vi discordância nas faces de muitos dos presentes. Um dos avaliadores disse-me:

> *Nada do que disse está de acordo com a Berlitz.*

Respondi:

> *Não sei o que diz a Berlitz, mas estou convencido que o meu sistema é bom para este caso particular.*

Não tiveram outra alternativa senão aceitar-me pois os engenheiros e as famílias já lá estavam e as aulas começariam no dia seguinte. As aulas seriam dadas durante um mês, oito horas por dia. Ao fim de alguns dias os engenheiros estavam de tal modo entusiasmados com o progresso que nunca mais me foram avaliar ou se preocuparam com as minhas aulas. Eu tinha autorização para alterar tudo o que quisesse. Quase no fim das aulas vieram avaliadores de Washington. A finalidade não era avaliar as aulas de português mas sim toda a universidade. A minha classe foi das três escolhidas para serem avaliadas.

Foi deste modo que acabamos o segundo ano lectivo na América. Os dois anos mais duros para mim e para o resto da família.

Emigrar significa coisas boas em muitos sectores mas significa sacrifícios em muitos outros. A minha mulher talvez tenha sido a mais sacrificada na família.

No primeiro ano concorreu a um lugar de professora. Foi entrevistada e aceite. Foi enviada a uma secretária que entretanto parou a sua nomeação porque o diploma não dizia Universidade, mas Escola do Magistério. Então foi trabalhar como ajudante de professora com um ordenado que talvez fosse 1/4 do de professora e sem as regalias que os professores tinham. Para ser professora de teria de voltar à universidade. Começou por se matricular na Northeastern University onde fez três disciplinas e depois foi para o Boston State College que entretanto se fundiu com a Universidade de Massachusetts passando assim a ser aluna desta última universidade. Ali fez o bacharelato e depois o mestrado. No terceiro ano foi nomeada professora do sistema escolar de Brockton, ainda sem ter acabado o bacharelato. Apesar de trabalhar a tempo total fez o bacharelato com distinção e o mestrado ainda com melhor classificação.

No quarto ano o meu trabalho não variou muito. Entretanto terminei o doutoramento em Matemática Educativa e Educação Bilingue e pouco depois passei a ser professor da Universidade de Massachusetts num programa de mestrado que foi criado: Computadores em Educação Bilingue e ESL (Inglês como Segunda Língua). Durante vários anos ensinei, em cada semestre, duas cadeiras escolhidas entre as seguintes:

- Computadores nas Salas de Aula

- Avaliação por Intermédio de Computadores
- Desenvolvimento de Curriculum com Computadores
- Instrução Assistida com Computadores
- Métodos de Investigação Usando Computadores.

Os alunos que frequentam este mestrado são professores dos diferentes ramos de ensino que voltam à universidade depois de alguns anos de ensino para obterem o seu mestrado. São das mais diversas nacionalidades que se possa imaginar e é um real prazer ensinar aquelas matérias naquele nível a pessoas com as mais diferentes culturas.

Na Brown University continuei também a trabalhar ainda por alguns anos no treino de professores mas apenas um dia por semana. Acabei por deixar as aulas no Massasoit Community College por estar demasiado sobrecarregado.

12. Unidos de Novo

Já estávamos todos reunidos de novo como outrora: a amizade e o amor tinham feito voltar as recordações, mas desta vez as palavras foram substituídas por um abraço a três. O Sr. Hermes Leitão passou por nós caminhando curvado, e sorria bondosamente, precisamente como fazia há 30 anos...

Seis meses depois de ter chegado aos estados Unidos fui trabalhar nas Escolas Públicas de Boston. Como era requerido viver naquela área tentamos encontrar uma casa que satisfizesse aqueles requisitos. Um primo da minha mulher falou-nos duma casa que pertencia a um seu tio. Não o conhecíamos mas por coincidência o meu sogro falara-nos deste senhor, poucos dias antes, terminando por nos falar da sua grande honestidade e que gostaria de saber onde ele se encontrava nos EU.

Contou-nos que o Sr. Hermes Leitão passou por S. Vicente, já se tinham passado muitos anos, tendo estado a comprar materiais de construção para a sua casa, situada na Ilha da Brava. Depois de usar todo o dinheiro que levou, resolveu adquirir mais materiais e precisou de fundos para os comprar e para pagar o transporte para a sua ilha. Como conhecia o meu sogro falou com ele e os fundos foram postos à sua disposição. Ficou combinado que pagaria quando passasse de novo por S. Vicente, não tende ficado nenhum papel a assinalar a operação.

Passaram-se muitos anos e num certo dia o Sr. Hermes Leitão apareceu pretendendo pagar o dinheiro que lhe tinha sido emprestado. O meu sogro já não fazia a mínima ideia do quantitativo a pagar. O Sr. Hermes Leitão foi reconstituindo tudo com o auxílio de várias notas que tinha com ele até chegar ao total que ele levantou. Só ficou sossegado quando pagou tudo. O meu sogro acabou a história dizendo que gostaria imenso de tornar a encontrar este senhor que para ele era o homem mais honesto que tinha conhecido.

O primo da minha mulher levou-nos à casa do seu tio, que era precisamente a do Sr. Hermes Leitão. Calhou o meu sogro ir connosco de modo que reconheceu imediatamente o senhor que, poucos dias antes dizia gostar de encontrar de novo. Acrescentava que não sabia onde vivia na América. Ele também reconheceu o meu sogro de modo que o encontro foi um reviver de vários acontecimentos.

Logo no primeiro instante a minha mulher e eu gostamos imenso do Sr. Hermes Leitão, da sua Esposa D. Jovita e dos filhos mais novos que ainda viviam com eles. A cozinha da casa ainda não estava pronta mas, com a ajuda dos filhos, em poucos dias foi acabada e pudemos mudar para o segundo andar. Eles moravam no primeiro andar e um dos filhos, morava no terceiro andar com a família.

Eles não foram apenas os nossos senhorios mas uma família amiga que encontramos. Embora tivessem a idade dos nossos pais, tínhamos conversas bastante interessantes e sempre que chegávamos à casa ao fim do dia de trabalho passávamos primeiro pela casa deles para os cumprimentar. Muitas vezes saia com o Sr. Hermes Leitão para passear pelas lojas ou apenas para conversarmos. Embora muitos dissessem que ele era um homem de poucas falas, nós conversávamos bastante. Vivemos naquela casa cerca de dois anos maravilhosos tendo o nosso conhecimento e amizade aumentado bastante com o convívio. Entretanto, decidiram vender a casa e comprar outra num local diferente. Logo que nos deram a conhecer as suas intenções, tratamos de arranjar uma casa para não complicar os seus planos.

Ficamos a viver longe uns dos outros mas a amizade continuou e a estender-se aos outros membros da família. É difícil falar de todos pois o número é bastante grande de modo que nos limitaremos ao mais jovem, Gaby Leitão. Ele tinha cerca de 21 anos quando o conhecemos naquela casa cheia de calor humano. A sua profissão está relacionada com a mecânica de automóveis. É dono duma oficina e é bastante competente no seu ramo. Herdou o carácter do pai e, portanto, é também uma pessoa em quem se tem plena confiança. Quando precisamos de alguma coisa relacionada com automóveis ele tem sempre carta branca para resolver tudo o que for preciso. As suas decisões são sempre tomadas com o mesmo interesse e a mesma honestidade que caracterizavam o pai. A minha irmã mais nova que veio recentemente para a América, só de ouvir falar no Gaby dizia-me:

> *Comprarei o carro que me for indicado pelo Gaby sem nenhuma hesitação.*

Se falássemos dos outros familiares acabaríamos por encontrar retractadas as qualidades do pai e da mãe. É caso para se dizer:

> *Feliz família que teve tais progenitores.*

Entretanto, 30 anos se passaram desde que nos conhecemos. O tempo esvaiu-se sem darmos conta. Contrariamente ao que desejaríamos encontramo-nos poucas vezes. Os nossos amigos trazem agora com eles a carga de mais 30 anos.

Ontem casou-se uma das netas e entre a grande família que enchia um grande salão estávamos também nós. Apreciamos bastante o facto de termos sido incluídos nesta cerimónia familiar e, na realidade, sentimo-nos parte dessa família.

A D. Jovita já tem dificuldade em reconhecer as pessoas. Assim olhou com indiferença para a minha mulher mas olhou para mim fixamente e depois sorriu amavelmente como costumava fazer há 30 anos. Seguidamente, aproximou-se de mim, pôs-me as mãos na cabeça e afagou-me os cabelos. A certo ponto podia-se ver que a minha mulher também deixou de lhe ser indiferente. Aproximou-se dela, sorriu também amorosamente e afagou-lhe os cabelos.

Já estávamos todos reunidos de novo como outrora: a amizade e o amor tinham feito voltar as recordações, mas desta vez as palavras foram substituídas por um longo abraço a três. O Sr. Hermes Leitão passou por nós caminhando curvado, e sorria bondosamente, precisamente como fazia há 30 anos.

13. Passagem por Algumas Universidades Na América

Vivi uma experiência muito interessante neste departamento. Um dos programas criados foi o de "Critical Skills Program" cuja finalidade é trabalhar com os estudantes que por uma razão ou outra desistiram de estudar. Dizem claramente que não podem aprender, mas depois de testados convenientemente e sabendo-se as razões do fracasso são ensinados e do deserto começa-se a ver as flores a nascer até se transformar num jardim. Que sensação interessante. Afinal podem ser tão bem sucedidos como qualquer outro estudante...

A primeira universidade americana onde ensinei foi a Universidade Northeastern. Naquela altura preferia esperar um pouco mais antes de começar a ensinar de modo a poder desenvolver o meu Inglês, mas precisava de trabalhar pois éramos uma família de quatro pessoas sendo dois dos elementos estudantes. Por esta razão respondi a um anúncio no jornal que pedia professores para a Universidade Northeastern. Este assunto já foi referido na *Chegada à América* [ver na página 95].

Tive uma classe que aumentou para mais do dobro duma classe normal. Tinha alunos das mais variadas nacionalidades. Os países representados eram Egipto, Argélia, Irão, Iraque, Camarões, Brasil, Venezuela, Portugal, Cabo Verde, América e Canadá. É interessante notar que na primeira aula perdi todos os meus alunos de Cabo Verde, precisamente aqueles que eu podia servir melhor por conhecer a língua deles. Os outros foram aumentando até chegar a um número demasiado grande. Naquela universidade a avaliação dos professores é feita quase integralmente pelos alunos cuja mobilidade é permitida durante três ou quatro semanas. Se a classe decrescer e atingir 10 ela é cancelada automaticamente. Os meus alunos no primeiro ano eram na maioria de engenharia.

Esperava nas avaliações ao fim do semestre que se referissem ao meu mau comando do inglês mas apenas um aluno disse que eu tinha um "ligeiro sotaque". Se me fosse pedida uma auto avaliação teria dito que o meu inglês era bastante pobre. Depois de ensinar 30 anos em universidades americanas fui avaliado 180 vezes e curiosamente nunca ninguém pôs em questão o meu inglês. Na realidade não estranharia que fosse bastante criticado. Tanto na América como em Portugal e Moçambique os meus alunos têm sido duma simpatia e amizade inesquecíveis. Tenho procurado retribuir trazendo-os sempre presente nas minhas prioridades desde os meus 23 anos em que comecei a ensinar até ao momento presente.

Depois de ensinar um ano na Universidade Northeastern concorri para a Universidade da Brown para fazer parte de um grupo que trabalhava em desenvolvimento de curriculum e no treino de professores. As minhas funções foram requerendo mais treino de professores, em computadores, de ano para ano. Ao fim de cinco anos o grupo de trabalho deixou de existir e continuei a trabalhar fundamentalmente no treino de computadores por mais seis ou sete anos. No entanto, passei a trabalhar a tempo total na Universidade de Massachusetts de modo que a minha contribuição para a Universidade da Brown foi diminuindo até terminar.

Durante dez anos ou mais ensinei principalmente cadeiras de computadores aplicadas ao Ensino Bilingue e Ensino do Inglês como Segunda Língua a professores que preparavam os seus mestrados. Depois passei a ensinar também no Applied Language and Mathematics (ALM) e algum tempo depois fiquei a trabalhar unicamente para o ALM embora esporadicamente ensine um ou outro curso para o programa de mestrado. Quando foi aberto concurso para o quadro do ALM éramos mais de 50 professores concorrentes de diversas universidades dos Estados Unidos e da Europa. Quatro professores foram escolhidos e eu estava entre eles e fui escolhido para o lugar finalistas e então dos quatro fui escolhido para o lugar.

Aqui também os alunos têm sido os meus companheiros favoritos. No entanto, é justo referir que os docentes têm tornado o departamento num local bastante agradável pelo clima de amizade e compreensão que aí se vive.

Vivi uma experiência muito interessante neste departamento. Um dos programas criados foi o de "Critical Skills Program" cuja finalidade é trabalhar com os estudantes que por uma razão ou outra desistiram de estudar. Estes estudantes voltam para a universidade depois de estarem afastados alguns anos, convencidos que não podem ser bem sucedidos. Ao princípio dizem claramente que não podem aprender, mas depois de testados convenientemente e sabendo-se as razões do fracasso são ensinados e do deserto começa-se a ver as flores a nascer até se transformar num jardim. Que sensação interessante. Afinal podem ser tão bem sucedidos como qualquer outro estudante.

14. Naples

No início navegava usando as velas e, muito raramente, o motor mas depois de certa altura passei a usar os remos quase que exclusivamente. Muitas vezes deixo o barco a ser arrastado pela corrente e pelo vento enquanto que vou apreciando todos os pormenores nas margens. Cada vez que ando no bote olho para as margens e para o fundo do lago como se fosse a primeira vez que o estivesse a fazer.

Quando vivia no Paul, na Ilha de Santo Antão se o mar estivesse calmo sentava-me, nas pedras enormes à beira da costa, olhava para a água a perder de vista e sonhava... Tinha a sensação de estar à beira dum lago gigantesco e imaginava o verdadeiro mar sem ondas. Via-me num bote a navegar naquelas águas assim quietas. Porém, o nosso mar pode estar calmo num dia mas logo de seguida apresenta ondas enormes a encher a costa de espuma branca. Por outro lado a existência de grande número de tubarões afasta imediatamente as pessoas receosas e a segurança fica apenas nos sonhos.

Há vinte anos que a minha família se deslocou para a América e periodicamente sentimos necessidade de ir a Cabo Verde rever aquele mar, as rochas nuas, cheias de significado para nós, a sua gente - nossa família, amigos, compatriotas-, aquela cultura, aquele vento, aquela morabeza, os lugares onde crescemos e que ficaram para sempre ligados a nós. Infelizmente o custo da viagem e estadia é apreciável o que nos faz pensar noutras alternativas quando dispomos de um período de férias. Assim há uns 10 anos aproximadamente sentíamos a necessidade de ir rever a nossa terra, de um regresso às nossas raízes. Quando fizemos o cálculo do que a família iria gastar tivemos que adiar a viagem para mais tarde. A minha mulher sugeriu uma ideia: usar aquele quantitativo para pagamento inicial duma casa de verão num local sossegado, à beira da água. Assim teríamos a sensação de "estarmos em Cabo Verde" e a possibilidade de lá ir quando quiséssemos.

Começamos logo à procura desse "local". Lembramo-nos que uma prima da minha mulher tinha uma casa num desses locais. Ela e o marido foram de grande amabilidade e viajaram connosco por três horas para nos apresentarem Naples, uma cidadezita do Estado do Maine. Quando chegamos à fronteira do estado havia um dístico que dizia: "Maine - the way life should be". Realmente seria bom que a vida fosse sempre daquela maneira. Os nossos primos mostraram-nos a casa que estava à venda a 200 metros da casa deles. Não nos levou mais de 15 minutos para a comprar num local que visitávamos pela primeira vez. Pelo que nos disseram ficamos a fazer ideia de como tudo seria. A nossa prima insistiu que discutíssemos o preço. Ainda o fizemos mas receosos de perder a casa. De novo fomos bem encaminhados, pois conseguimos uma redução.

O local é paradisíaco. A casa é rodeada de pinheiros bastante altos e a menos de uma milha de distância ficam as margens de cinco lagos que estão ligados entre si. Um deles, o Sebago Lake, tem à volta de 10 milhas de diâmetro e liga-se a um outro "Long Lake", ainda mais comprido. A ligação é feita por intermédio de um terceiro lago de modo que a distância que se pode navegar é bastante grande. Comparando com as nossas distâncias direi que é muito maior que a distância entre as ilhas de S. Vicente a S.to Antão.

A Baía de Naples faz lembrar a Baía de S. Vicente mas, numa escala aproximada de 1/10. Até tem um cais parecido com o antigo cais de S. Vicente, embora em ponto pequeno, e as muitas luzes à volta reflectem-se na água dando a sensação de estarmos em S.Vicente. A baía tem sempre muitos barcos havendo um maior para os turistas navegarem entre os lagos com uma lotação para 300 passageiros aproximadamente. Para os que gostam de voar existem dois ou três hidroaviões pequenos que fazem voos de 15 a 30 minutos sobrevoando os lagos. Os amantes de emoções mais fortes podem alugar para quedas puxados por vedetas rápidas. No nosso caso passamos ai, dias bastante calmos. Embora situado a umas duas milhas do centro de Naples, o nosso local é bastante calmo sendo até visitado por gazelas, raposas, "mouses" e outros animais. Numa ocasião até um urso nos visitou. Estavamos já deitados quando ouvimos o barulho de modo que o urso pôde ser visto através das janelas.

Sempre que podemos fazemos a viagem de três horas para passarmos dois ou três dias no Maine. Quando estamos de férias a estadia é duma semana, em geral, para ser repetida várias vezes durante o ano.

No começo tivemos que fazer alguns melhoramentos. O esgoto deixava passar cheiros de modo que tivemos que mandar pôr tubos novos até ficar completamente vedado. Além duma casa de banho na casa tínhamos outra casa de banho incompleta numa pequena dependência. Completamo-la tendo acrescentado uma parede interior, isolamento entre as duas paredes e um tecto novo. Muitas vezes almoçamos entre os pinheiros mas há épocas em que os mosquitos aparecem em grande quantidade de modo que fizemos uma pequena sala de jantar com chão de cimento e paredes de redes. A minha mulher foi o "mestre de obra", e eu, o "carpinteiro". Fizemos um molde para o chão da sala de jantar e para um caminho entre a casa e a dependência e quando tudo ficou pronto veio uma empresa com um grande carro e encheu os moldes de cimento. Depois fizemos as paredes e pusemos as redes à volta. Com a supervisão do "mestre" e apesar da inexperiência do "carpinteiro" conseguimos fazer uma boa obra mas todos dizem que gastamos o dobro da madeira que era necessária.

No quintal temos um pequeno bote que usamos nos lagos próximos da nossa casa e que têm ligação com o Sebago Lake. No início navegava usando as velas e, muito raramente, o motor mas depois de certa altura passei a usar os remos quase que exclusivamente. Muitas vezes deixo o barco a ser arrastado pela corrente e pelo vento enquanto que vou apreciando todos os pormenores nas margens. Cada vez que ando no bote olho para as margens e para o fundo do lago como se fosse a primeira vez que o estivesse a fazer.

Numa certa altura encontrei três botes de fibra de vidro à venda numa casa de antiguidades. Tinham uma cobertura impermeável bastante forte. Fiquei espantado quando me pediram 20 dólares para um deles. Acabei por comprar os três por 40 dólares. Fiquei assim a dispor duma "esquadra". Os botes adquiridos na casa de antiguidades podem transportar duas pessoas e não vão ao fundo. Numa altura utilizei um deles num lago mais distante da minha casa com o motor do bote que é muito maior. Um dos meus cunhados estava comigo mas não quis embarcar antes de ver como eu faria. Depois de duas viagens o motor parou. Com a actividade de o pôr a funcionar fui virando o leme e acelerando de modo que quando o motor começou a trabalhar fê-lo a grande velocidade e a curvar. Por outro lado o banco que eu utilizava não estava preso ao barco de modo que eu fui cuspido do bote com o banco. Quando o bote ficou livre do meu peso passou a circular como um parafuso ficando depois parado com a quilha virada para cima. Ainda tentei virá-lo para a posição normal mas o vácuo que se formou não mo permitiu. Tive que nadar rebocando o bote, com a quilha virada para cima, por cerca de uma hora para chegar à praia. O lago deve ter uma profundidade de 10 a 20 metros no local.

Foi a segunda vez que fui cuspido do bote. Outra vez estava a navegar ao sabor da corrente e do vento. Ia de pé para ter melhor visibilidade da margem. Distrai-me e quando "acordei" já estava mergulhado na água. Das duas vezes perdi os meus óculos e outros objectos de menor importância. Aprendi que até o lago se pode tornar perigoso, mesmo não tendo tubarões.

A minha mulher não é grande apreciadora dos botes nos lagos mas em compensação gosta das inúmeros vendas no jardim "yard sales" onde se podem encontrar os objectos mais imprevistos e a preços reduzidíssimos. Algumas vezes pode-se percorrer mais de 10 desses locais em menos duma hora. A 45 minutos da nossa casa fica North Conway no Estado de New Hampshire. É uma cidade visitada por um grande número de turistas de todos os estados vizinhos e de muitos outros mais afastados como os do Sul e do Canadá. Fica situada no sopé das famosas "White Mountains". As vistas dos inúmeros lagos que se vão encontrando, das folhagens de muitas cores, dos rios, dos montes, são surpreendentes. Os botes a remos são usados nos rios. As margens são bastante bonitas.

A minha mulher descreveu Naples-Maine deste modo no seu livro *Espontâneos*:

Naples- Maine, USA

A brisa fresca
O chilrear dos passarinhos
Os pinheiros imponentes
O silêncio
O ar puro
Os lagos transparentes
Os barcos
A tranquilidade
O céu maravilhoso
As montanhas altivas
A beleza a toda a volta
Transmitem-me alegria
Vontade de viver
De sonhar
De continuar a lutar
Em país estrangeiro
A calma
A paz
Fazem-me pensar
Que não sou uma simples máquina de trabalho
Que não sou um objecto de correria
Mas... que sou alguém,
Com alma
E coração!

Até parece que o mundo me pertence!
Sinto saudades,
Sim, saudades de tempos passados,
De momentos passados,
De segundos vividos...
Tenho tempo...
Penso...
Reflicto
Aspiro a tudo!
Posso tranquilamente
Orar com fervor
Sentir-me mais perto do céu,
Enquanto respiro sossegadamente...
Despreocupada
Ando pelos campos
Olho para as estrelas
Gozo da beleza do luar
Alegro-me com o silêncio da noite,
Com o barulhinho duma folha que cai,
Com o voar duma borboleta,
Com os passos dos esquilos
Nas folhas secas espalhadas,
No barulhinho que fazem
Qual música calmante
Que chega à minha alma...
A chuva no telhado
Canta canções de embalar,
Tranquiliza,
Fortifica,
Anima...
Naples,
Lugar de sonho
De paz
De tranquilidade...
Naples...
Lugar de repouso
De oração
De pensamentos elevados...
Naples,
Lugar de amor
De simplicidade
De vida pura,
Maravilhosa!

Por outro lado ela é conhecedora dos meus sonhos relativamente ao mar, a Cabo Verde, aos barcos, etc. de modo que também escreveu no seu livro:

O Sonho que se Tornou Realidade

Um barquinho à vela
Um motorzinho
O mar sereno
A paz, a tranquilidade
"O amor, uma cabana"...
Com tudo isto sonhou
A cabeça cheia de "livros e cálculos"
Estatística, astronomia,
E muitas coisas mais
Que só aparecem na hora precisa...
Coração nobre
Simples
Humilde...
Os alunos o apreciam
Deleitam-se com suas aulas...
Pai incansável
Marido...(segredo!)
Vovô baboso, "derretido"...
Amigo de ajudar,
Não sabe o que é dizer não!
Sempre pronto a ajudar
Para ele não há horas
Nem distâncias
Nem gastos
Quando alguém o espera.
Em terra bem distante
Guardou em segredo o seu sonho,
Quando,
Como por encanto,
Numa zona maravilhosa
Entre pinheiros, montanhas e lagos
Apareceu-lhe a cabana
O barquinho à vela
O motorzinho
"O mar sereno"
A paz
A tranquilidade
E o amor o acompanhou...

15. A Minha Mulher

São 10:30 da noite. Estou num quarto do hospital de Boston. A minha mulher foi operada há dois dias: quatro "by-pass" resultante de outras tantas veias entupidas. A operação, realizada há dois dias correu bem, mas hoje, dois dias depois ela está com problemas de respiração. Já tinha saído ontem dos serviços intensivos mas teve que voltar de novo para lá...

São 10:30 da noite. Estou num quarto dum hospital de Boston. A minha mulher foi operada há dois dias: quatro "by-pass" resultante de outras tantas veias entupidas. A operação, realizada há dois dias correu bem, mas hoje, dois dias depois ela está com problemas de respiração. A oxigenação dos pulmões não se está a fazer convenientemente. Já tinha saído ontem dos serviços intensivos mas teve que voltar de novo para lá. No quarto ouve-se muitos "bip-bip" provenientes de seis máquinas que estão ligadas a ela. Disseram-me que ficasse o tempo que quisesse de modo que aproveito para ir escrevendo e deste modo ir passando o tempo pois agora só resta dar tempo ao tempo... O meu filho mais velho está também no hospital mas penso que ele vai regressar à casa daqui a pouco. Quis ficar com ela no hospital pois aconteceu hoje um pormenor que me impressionou grandemente: Ao chegar ao hospital na parte da manhã vi que ela dormia profundamente. Esperei pelo menos uma hora para que acordasse. Reparei que estava ou parecia ter estado a suar. Toquei-lhe na testa para me certificar e constatei que estava gelada. Chamei imediatamente a enfermeira que a acordou. Entretanto ela retirou-se e a minha mulher vomitou e pôs-se logo a dormir de novo profundamente apesar de ter ficado com a roupa completamente molhada. Chamei a enfermeira de novo e em pouco tempo estavam dois médicos e quatro enfermeiras no quarto dela. Não sei o que lá se passou pois tive que deixar o quarto mas ela foi transferida de novo para os serviços intensivos.

Conheci a minha mulher quando ela contava 11 anos de idade aproximadamente e aos 13 anos comecei a olhar para ela com olhos diferentes. Ela compreendeu e correspondeu de modo que começaram as trocas de olhares no liceu. Ao frequentar o quinto ano do liceu ela autorizou-me a acompanhá-la do liceu à esquina mais próxima que ficava no caminho da sua casa. Era um passeio duns 200 metros. Às vezes não tinha aulas e esperava pacientemente uma ou duas horas para este pequeno passeio sob os olhares dos alunos e dos professores que saíam do liceu. Naquele tempo pertencia à nossa cultura não aceitar que uma menina da nossa família estivesse a namorar enquanto que para o caso dos rapazes o facto era bem aceite e até merecedor da simpatia de todos. Pela razão apontada muitas meninas preferiam negar que estivessem a namorar. Mas com a Licinha as coisas não funcionavam desta maneira. Um certo dia a madrinha, que era como uma segunda mãe para ela, foi encarregada pela mãe da Licinha de investigar uns boatos em como namorava comigo. Então a madrinha perguntou-lhe:

E verdade que estás a namorar o Salazar?

A resposta veio imediatamente:

Sim. Porquê?

A verdade emudeceu a madrinha que estava para fazer um grande discurso como era usual num caso desses. Ela depois deu conta dos resultados da sua investigação à mãe, dizendo:

Com ela tens que tratar do assunto tu mesma. Comigo não dá. Eu é que fiquei sem fala.

Aos 18 anos ela quis ir estudar em Coimbra. Mas como eu já cá estava a estudar, toda a gente pensava, incluindo a mãe, que o pai nunca a autorizaria a ida dela para Coimbra. O pai realmente foi sempre muito radical e não aceitaria que a filha fosse estudar numa cidade onde estivesse o namorado. Contudo ela era das poucas pessoas que quando não concordava com o pai dizia abertamente o seu parecer e para a surpresa de todos havia discussão construtiva. Licinha:

Gostaria de estudar em Coimbra.

Pai:

Como deves compreender não podes ir para Coimbra.

Licinha:

Não compreendo! A questão é apenas teres confiança em mim ou não.

Foi grande a surpresa de todos ao constatarem que o pai a autorizou a estudar em Coimbra. Entre pai e filha existiu sempre uma relação de profunda amizade e respeito mútuo que fazia com que tudo pudesse ser discutido como vim a constatar durante os muitos anos de convivência que tivemos.

Ela foi professora nos Estados Unidos no Programa Bilingue Cabo-verdiano. A relação com os alunos era bastante interessante. Numa altura um dos seus alunos veio do recreio a chorar. Tinha sido acusado de ter roubado um fio de ouro a outro aluno da escola. Nos momentos graves ela fechava a porta da sala e então conversava com os seus alunos as coisas delicadas. Todos sabiam que podiam confiar nela e que a verdade e só a verdade podia ser dita.

Licinha:

> *Como sabem quero que me digam toda a verdade. Não quero que nada me seja escondido.*

Um dos Alunos:

> *Não foi ele. Sei quem foi o menino que roubou o fio de ouro.*

Licinha:

> *No intervalo fica ao pé de mim e mostra-me quem foi a pessoa sem ninguém notar.*

Deste modo ela ficou sabendo quem tinha sido o menino. Ela foi falar com o Reitor e disse-lhe:

Licinha:

> *Vim falar-lhe do fio.*

Reitor:

> *Não te apoquentes. O problema já está resolvido.*

Licinha:

Não está resolvido, não. O menino que roubou o fio não é o meu aluno mas sim outro.

Algum tempo mais tarde o menino previcador foi à sala da Licinha, acompanhado pelo Reitor para pedir desculpas ao menino que foi indevidamente acusado e à sua professora.

Entre a professora e os alunos houve sempre uma amizade bastante grande e incondicional. Eram todos como filhos dela. Mesmo depois de se formarem e alguns já com família constituída, quando a encontram, uns gritam, outros choram. Qualquer que seja a reacção pode-se adivinhar a existência de muito entendimento e amor. Quando ela ia para a emergência do hospital que resultou na operação a que já me referi, ia cheia de dores no peito. Era um dia anormalmente frio e já era noite. Deixei-a a cinco metros da porta e fui estacionar o carro. Foi grande a minha surpresa ao vê-la ainda na rua, ao frio, abraçando uma antiga aluna e rindo para ela.

Por várias vezes, ao longo de muitos anos, ela disse-me que não valia a pena ir ao hospital e ficar com tubos ligados a aparelhos por todo o lado. Toda a família sabia da existência duma carta em que ela declarava que se algum dia não pudesse decidir por ela própria não queria estar com tubos ligados a máquinas e não queria nenhuma operação que conduzisse a uma situação semelhante. No dia em que foi internada no hospital devido às dores no peito, os testes mostraram que tinha três veias entupidas (90%, 80% e 65%). O médico aconselhava a operação que iria conduzir precisamente aos tubos e às máquinas. Assisti à conversa entre ela e o médico e o nosso filho mais novo estava presente. Licinha ouviu tudo com a maior naturalidade e ninguém diria que ela era a pessoa doente. Antes de responder ao médico mandou-nos sair. Quando voltamos o médico estava claramente contrariado. Não me foi nada difícil imaginar o que tinha acontecido. O médico olhou para mim e antes de dizer alguma coisa eu disse para ele e para a minha mullher:

Acho que a operação deve ser feita.

O meu filho apoiou-me e perante a surpresa de todos ela disse:

Farei a operaçâo por vocês.

O médico saíu imediatamente e voltou alguns minutos depois dizendo:

> *O grupo em Boston já foi contactado e fará a operação ainda esta noite.*

Pouco tempo depois ela foi transportada para Boston. Quando a acompanhávamos para a ambulância que a conduziria para ser operada poucas horas depois a preocupação dela ainda era a família e disse-me:

> *Vocês não venham agora a Boston. Já é tarde e dizem que vai nevar. Seria preferível que fosses ao supermercado para fazeres compras. Não te esqueças de pão, leite e sumos para o caso de nevar bastante.*

Mesmo naquele momento em que ia fazer uma operação daquelas, colocava a sua pessoa em posição secundária.

Depois de ter regressado de novo aos serviços intensivos um dos médicos telefonou-me às seis da manhã:

> *A sua esposa está a ter dificuldades em respirar e temos de lhe pôr um tubo directo ao pulmão.*

Não quis tomar nenhuma decisão sem falar com a minha mulher e disse-lhe que estaria lá em 30 minutos e que então falaríamos. Quando cheguei ao hospital vi o médico na extremidade de um corredor vindo na minha direcção. Ao ver-me ele desviou-se e desapareceu. Nunca mais o vi até hoje. Fui ter com a Licinha e vim a compreender tudo. Ela recusou-se a deixar pôr o tubo. Como o médico insistisse ela zangou-se com ele e julgo que a energia que desenvolveu fez com que começasse a respirar normalmente. Foi quando começou efectivamente a recuperação. Ao todo esteve oito dias nos serviços intensivos.

16. Dois Amigos Especiais

Vou falar do que vi atrás do sorriso simpático da Libânia e do ar calmo e despreocupado do Carlos. Na Universidade da Brown trabalhava um grupo de pessoas cuja função era treinar professores. Numa das reuniões deste grupo, já lá vão alguns anos, falava-se da necessidade de convidar alguém para apresentar alguns pormenores relacionados com vídeos. O Carlos foi a pessoa escolhida. Mais tarde convidei a Libânia para apresentar aos meus alunos a introdução da música nos computadores. Alguns dias depois lá estava ela a dar a aula com a mesma naturalidade com que nos fala na igreja...

Desde muito novo frequentei a Igreja Católica. O Padre Figueiredo era na altura o responsável pela Igreja das Pombas e eu ajudava-o com mais um colega na Missa. Também me lembro de estar a ajudar a preparar as hóstias em casa duma família amiga onde morava o Padre. Ele já tinha uma idade avançada enquanto que eu talvez contasse à volta de oito anos. Era bastante bondoso para as crianças.

Quando fui estudar em S. Vicente limitava-me a ir às Missas aos Domingos. A Igreja Católica não teve nenhum impacto em mim quando eu contava 13 anos de idade, de modo que nas férias acompanhava os meus pais a sessões de espiritismo. Eram simples reuniões em que os espíritos não eram invocados. A pessoa responsável era o Sr. Lela Martins, um amigo pessoal e amigo da família. Tinha paciência para conversar comigo e lembro-me ainda de muitos conselhos que ele me dava. A sua família é como uma extensão da minha própria família. Estive muitos anos sem os ver pois estive ausente de Santo Antão à volta de 30 anos.

Entretanto fui para Portugal e perdi contacto com o espiritismo. Alguns anos depois casei-me, vivia em Coimbra, e de tempos a tempos ia à Igreja Católica com a minha mulher. A minha mulher estava um pouco deprimida numa certa ocasião e uma amiga convidou-a para ir à Igreja do Nazareno. Já tínhamos sido convidados anteriormente mas achei que não valia a pena experimentar. Daquela vez fui à igreja apenas para acompanhar a minha mulher. Fiquei bastante surpreendido ao encontrar um ambiente alegre, sadio, bastante informativo e muito dignificante. Tive a iniciativa de querer voltar na semana seguinte e daquele dia até hoje sou Nazareno. Conforme o tempo foi passando fiquei cada vez mais ligado à Igreja do Nazareno.

Pode parecer que me afastei completamente da Igreja Católica, mas o interessante é que a minha apreciação aumentou bastante pois fui encontrar na Igreja do Nazareno muitas explicações comuns às duas igrejas. Passei assim a compreender muitos factos que antes desconhecia e realmente o meu apreço aumentou. De tempos a tempos quando a oportunidade aparece vou à Igreja Católica, em geral à Igreja do Padre Pio em Brockton, que considero um verdadeiro homem de Deus e um amigo pessoal. Sinto, no entanto, que se a Igreja Católica fosse ainda mais modernizada teria um impacto positivo em muita gente.

Na Igreja do Nazareno tenho encontrado várias pessoas que têm contribuído para o meu crescimento na fé. O casal Libânia e Carlos Pinto tiveram uma grande influência em mim. Quando cheguei à América foram visitar-nos e convidaram-nos para ir à Igreja do Nazareno em Boston, na Massachusetts Avenue. Naquela altura a Igreja tinha apenas umas oito pessoas. O pastor americano foi depois substituído pelo pastor cabo-verdiano Reverendo António Leite que com a família ficaram encarregados da Igreja. O crescimento foi constante e hoje deve contar com aproximadamente 200 pessoas.

Festa de Homenagem à Libânia e ao Carlos

Foi com muito prazer que participei na festa de homenagem aos nossos irmãos Libânia e Carlos. Vou falar da minha experiência com os nossos irmãos e do que vi atrás do sorriso simpático da Libânia e do ar calmo e despreocupado do Carlos. Indo por idades começarei por lhes falar do Carlos.

Na Universidade da Brown trabalha um grupo de pessoas cuja função é treinar professores. Numa das reuniões deste grupo, já lá vão alguns anos, falava-se da necessidade de convidar alguém para apresentar alguns pormenores relacionados com vídeos e responder a algumas questões que cada elemento do grupo desejasse fazer. Propus que esta pessoa fosse o Carlos.

No dia combinado apareceu o Carlos carregado com mil coisas. Começou a preparar tudo tendo ido ao carro várias vezes para vir com mais coisas. Para que se tenha ideia das pessoas que iam assistir à apresentação direi que cada elemento estava ligado à educação por vários anos e a maioria tinha um doutoramento. O Carlos começou a sua exposição e a assistência ficou logo interessada e pela sua simplicidade cativou as pessoas. Depois começaram as perguntas e o diálogo continuou depois de tudo terminado, enquanto o Carlos arrumava as coisas para dar lugar a outra reunião que se iria efectuar na mesma sala. Muitos me perguntavam pelo Carlos durante muito tempo. Foi uma bela apresentação.

Estávamos a mudar de casa e o Carlos e a Libânia ajudavam-nos na mudança. Eles são das pessoas que aparecem quando se precisa. Tinha uma estante muito larga e alta que não saia pela porta. Para

Carlos não foi problema. Tirou-a pela varanda tendo para isso usado um sistema de roldanas que concebeu no momento. Para Carlos tudo é muito simples e pode-se sempre fazer tudo.

Numa certa ocasião fui a uma loja de antiguidades e achei um dístico que dizia:

Se não houver o que está procurando, nós fazemos.

Carlos, no bom sentido, tem a mesma filosofia.

Na última apresentação que fiz na igreja precisava de um peixe. Pedi a ajuda do Carlos para encontrar um peixe grande pelas lojas. Ele disse-me:

Não te preocupes, se não houver, faz-se.

Alguns dias mais tarde apresentou-me três peixes de madeira, que ele tinha feito, um grande e dois pequenos, com lindas cores que fariam inveja a qualquer peixe verdadeiro.

Carlos tem grande facilidade em aprender e assim tem tirado diversos cursos: mecânica de automóveis, electrónica, construção de barcos, fotografia, e sabe lá Deus que mais. Portanto se precisar de alguém em mecânica ou electrónica o Carlos estará pronto para o servir, se quiser arranjar o seu bote aí estará o Carlos se for para tirar fotografias ou fazer um vídeo o Carlos será a pessoa indicada, se precisar de uma coisa que não existe ou que já não se encontra, não se preocupe: o Carlos faz. E tudo isto com um sorriso nos lábios e amizade no coração.

Falemos agora um pouco da nossa irmã Libânia.

Há alguns anos só se podia ver palavras no computador e, mais recentemente, gráficos. No entanto, a certa altura o computador ofereceu a possibilidade de se poder programar música. Como o meu trabalho é ensinar computadores na Universidade de Massachusetts achei-me na obrigação de ensinar esta nova técnica aos meus alunos. Levantou-se um grande problema: nunca na minha vida tinha conseguido ler uma nota musical. Veio-me à minha mente a Libânia. Pelo telefone contei-lhe a história. Ela disse-me:

Mas eu não sei computadores.

Não faz mal, disse-lhe.

O que vamos fazer é pôr juntos os teus conhecimentos de música e os meus de computadores e por certo que poderemos programar música.

Pouco depois ela já estava em minha casa e eu mostrei-lhe como obter das notas musicais os números que necessitava para pôr no computador. A Libânia telefonou-me no dia seguinte e disse-me os números duma música que eu ia logo escrevendo no computador. Ao chegar ao fim estávamos ambos ansiosos a esperar pelo resultado. Será que íamos ouvir música? Cheguei o telefone para junto do computador para que ela pudesse também ouvir e premi uma tecla para o computador executar o programa. Pudemos então ouvir a primeira música no computador que foi uma das mornas da nossa terra. Em conjunto tínhamos resolvido o problema e passei a entender as notas musicais.

Convidei a Libânia para ser ela a apresentar aos meus alunos a introdução da música nos computadores. Alguns dias depois lá estava ela a dar a aula com a mesma naturalidade com que nos fala na igreja. Quero no entanto esclarecer que os alunos não eram fáceis. Todos eram professores, a maior parte deles com muitos anos de ensino. Voltam de novo à Universidade para tirar o mestrado ou para aprender como usar os computadores nas suas escolas. Conforme ia decorrendo a exposição iam fazendo perguntas. Via-se o entusiasmo deles à medida que iam compreendendo como usar música no computador. A finalizar ouviram a música de Cabo Verde e aí acabou a excelente aula da Libânia que é sempre lembrada pela sua atitude calma, alegre e profissional.

Durante muito tempo tentei convencer a Libânia a ir tirar o curso de professora mas ela já tinha outros planos para o seu futuro.

Muito devo à Libânia no que respeita à minha atitude para com a igreja. Desde pequeno que evito cantar em conjunto com outras pessoas porque todos diziam que eu estragava o que se cantava. No liceu o meu professor de música dispensava-me das aulas embora eu insistisse em estar presente. A Libânia convenceu-me de que sou um bom "elemento" e assim passei a cantar, com tanto entusiasmo, que a minha mulher tem de me dizer por vezes: "Canta mais devagar!"

A Libânia convidou-me várias vezes para apresentar estudos na Sociedade Missionária tendo assim dado a oportunidade de me dedicar aos estudos bíblicos o que me permite agora ler a Bíblia com entendimento e grande apreço pelo conteúdo e melhorar assim a minha fé de maneira notável.

Tenho escrito alguns trabalhos para serem apresentados na igreja. Costumo pedir aos irmãos Carlos e Libânia para fazerem uma primeira crítica antes de os entregar ao pastor. Se ele os aprovar dou uma cópia de novo à irmã para fazer mais correcções. Sempre lutei com ela para fazer as correcções a vermelho mas nunca consegui os meus intentos: são feitas a lápis tão leve que mal se podem ler. No entanto as correcções sempre enriqueceram os trabalhos.

A Libânia nunca se recusou a ser uma das personagens das nossas apresentações embora nesses tempos de maior actividade na igreja ela tivesse uma cantata a preparar, ao mesmo tempo que ensaiava grupos e dirigia um departamento da igreja além doutras actividades.

Quando quiserem interessar alguém a tomar parte activa na igreja falem com a Libânia, quando quiserem alguém para editar um trabalho ela é também a pessoa indicada. Se precisarem duma personagem para uma apresentação a Libânia estará sempre pronta. Se ela estiver cheia de trabalho, não se preocupem: contem à mesma com ela. Mesmo assim nunca falta aos compromissos assumidos estando pronta a ensaiar em sua casa ou noutra casa qualquer, a qualquer dia e a qualquer hora.

Tudo o que se relaciona com a igreja está sempre em primeiro lugar. Só vi a Libânia zangada uma vez. Foi quando o Carlos a trouxe um pouco atrasada para a igreja.

Embora o Carlos e a Libânia trabalhem em campos diferentes, com estilos completamente diferentes, poderemos definir os dois conjuntamente se atendermos a que ambos têm mostrado muito profissionalismo. Contudo há bons profissionais que não são queridos por ninguém, até direi que são detestados. Com o Carlos e Libânia as coisas acontecem ao contrário. O seu profissionalismo é excelente mas alegre, é responsável mas com amor, e a humildade está sempre presente. Enfim direi que têm um profissionalismo cristão.

Libânia e Carlos vão mudar para a Flórida, para a terra do Sol e Paraíso dos reformados. Será que alguém acreditará que eles vão passar o tempo deitado na areia a apanhar sol e a fazer a vida de reformados? Eu não acredito! Aceito que se reformaram para a electrónica, mas a actividade que sempre tiveram para a causa de Deus continuará e por certo com mais intensidade. Assim, vejo-os a fazer um trabalho novo junto dos cabo-verdianos e portugueses espalhados pela Flórida, vejo-os a fazer um trabalho original junto dos muitos reformados que aí se encontram.

Estou convencido que continuaremos a ouvir falar da Libânia e do Carlos. Muitos cabo-verdianos e portugueses serão apresentados a Cristo por intermédio deles e muitos reformados que aparentemente viveram com Cristo encontrá-lo-ão agora de facto e pela primeira vez.

Muitas pessoas ao chegarem à condição de reformados constatam que afinal a matéria pouco vale e sentem então um vazio. Sentem necessidade de descobrir as suas raízes, não as da terra, mas sim as do céu. É aí que a Libânia e o Carlos vão actuar. Deste modo não vejo a partida para a Florida como obra do acaso, mas como uma espécie de missão que vão desempenhar. Não vamos portanto chorar a sua partida, pois afinal vão continuar connosco em pensamento e oração e será com alegria que os veremos continuar a sua caminhada triunfal: Cabo Verde, Portugal, Holanda, Boston, Florida, etc.

17. Cabo Verde: Um Povo Especial

Faz parte da nossa cultura a grande curiosidade que temos em descobrir o que está atrás do horizonte das nossas ilhas. Embora o número de cabo-verdianos existentes no mundo seja menor que um milhão, estamos espalhados por vários países. Cabo Verde tem preparado os seus filhos para subsistir noutras terras, tendo-lhes dado para isso uma preparação académica e, não menos importante, tem preservado a nossa cultura com algumas características importantes...

Faz parte da nossa cultura a grande curiosidade que temos em descobrir o que está atrás do horizonte das nossas ilhas. Embora o número de cabo-verdianos existentes no mundo seja menor que um milhão, estamos espalhados pelos Estados Unidos, Canadá, países europeus, Brasil, Argentina, e muitos outros como: Guiné, Dakar, S. Tomé, Angola, Moçambique, Macau, Timor.

Cabo Verde tem preparado os seus filhos para subsistir noutras terras, tendo-lhes dado para isso uma preparação académica e, não menos importante, tem preservado a nossa cultura sendo algumas das suas características:

- aceitação dos nossos semelhantes com as suas diferenças que apreciamos e muitas vezes seguimos quando as consideramos de valor
- curiosidade pelo que é novo, que nos permite valorizar-nos
- dedicação ao trabalho que faz com que a comunidade cabo-verdiana seja respeitada e apreciada em qualquer país onde esteja
- valores morais que são parte da herança deixada pelos nossos antepassados.

É exemplar a maneira como os cabo-verdianos convivem no estrangeiro. Entre muitos e muitos acontecimentos que poderíamos citar lembro-me duma vez na África do Sul em que viajava com a minha família, a noite aproximava-se e não tínhamos conseguido aposentos em duas cidades. Quando chegamos a uma terceira, percebi que também não havia lugar no hotel, mas a pessoa que nos atendeu viu através do nosso pobre inglês que éramos estrangeiros. Perguntou-nos donde éramos. Respondemos Cabo Verde. O homem fez um grande sorriso e disse-nos que era casado com uma cabo-verdiana. Não havia lugar no hotel mas deu-nos o quarto que se destinava a recém-casados, em lua-de-mel e pelo preço dum quarto normal.

Quando se deu o 25 de Abril em Portugal eu estava na Europa com a família mas ainda ligado à Universidade de Lourenço Marques de modo que antes de regressar a Coimbra tive que ir a Moçambique. Quando pedi ao Reitor que me desse a minha guia de marcha para regressar a Coimbra, ele riu-se e disse-me:

Não tenha pressa. Vou tratar do assunto pessoalmente e assim o seu bilhete de avião vai demorar pouco tempo, mas terá de esperar alguns meses.

Agradeci-lhe e pedi que fosse eu mesmo a tratar do assunto. Fui aos Serviços de Finanças e perguntei se trabalhava ali algum cabo-verdiano. Disseram-me que sim, ao fim de alguns minutos o meu conterrâneo, Eurico Brito, dizia-me:

Se quiseres podes embarcar já amanhã.

Regressei 15 dias depois apenas por ter assuntos a tratar em Moçambique. O reitor dizia-me repetidas vezes:

É inacreditável, é inacreditável.

Esta é a maneira como tenho visto os cabo-verdianos a tratarem-se no estrangeiro. Casos como estes existem em grande número. O povo cabo-verdiano é especial e apontarei mais algumas razões:

Há mais cabo-verdianos fora de Cabo Verde do que nas ilhas. No entanto a nossa terra nunca é esquecida. Ela é considerada preciosa e nós afectuosamente chamamos-lhe mãe terra (note-se que mãe é a palavra mais querida do nosso vocabulário). Todos temos a preocupação de ir rever a nossa terra periodicamente e ao chegarmos lá não é raro vermos cabo-verdianos comovidos com lágrimas nos olhos.

Como consequência da convivência entre os cabo-verdianos fora de Cabo Verde o crioulo nunca se perderá. Pode-se perder outra língua por falta de uso mas com o crioulo nunca tal sucederá.

A cultura cabo-verdiana, com muitos dos seus aspectos como música, "morabeza", amizade, é considerada por todos como coisa querida, dignificante, preciosa.

Alguns imigrantes deixam a sua terra tentando uma vida melhor para as suas famílias enquanto outros seguem a sina do cabo-verdiano ansioso por conhecer o mundo. Embora as razões da partida possam ser as mais diversas, todos têm um pormenor em comum: por maior que seja o sucesso como imigrantes deixam o coração na sua terra e bem longe continuam com o pensamento em Cabo Verde e imersos na sua cultura. Mesmo fora de Cabo Verde transmitem esta cultura aos seus filhos e netos sendo vulgar encontrarmos jovens, que nunca estiveram em Cabo Verde, a falar a nossa língua e conhecedores da nossa cultura como se tivessem nascido e vivido em Cabo Verde.

Gostaria de falar sobre um facto relacionado com os cabo-verdianos que vivem em grande número de países diferentes. Os seus filhos que nascem nesses países falam as línguas mais diversas: inglês, alemão, francês, italiano, etc. Acontece que é vulgar haver membros da mesma família a viverem em países diferentes e portanto os jovens falam línguas diferentes. Entretanto, estas famílias, de tempos a tempos encontram-se em Cabo Verde e, naturalmente ficam debaixo do mesmo tecto. Como é que os jovens se entendem? Como é que se entendem com a parte da família que vive em Cabo Verde? A resposta aparentemente complicada é bastante simples: em crioulo. Algumas pessoas ainda não começaram a olhar com seriedade para as implicações que o bilinguismo cabo-verdiano arrasta. Não tenho dúvidas que o crioulo será bastante falado no futuro pois já não vivemos na época em que um navio demorava 40 dias a ir da América a Cabo Verde. Em horas podemos chegar a Cabo Verde de qualquer país. O crioulo vai ter uma importância enorme nas comunidades cabo-verdianas. Cabo Verde fará o papel de denominador comum dessas comunidades.

Pela primeira vez na história de Cabo Verde, o crioulo foi utilizado em educação com os estudantes cabo-verdianos nos EU. Foram conduzidas investigações que mostraram que o ensino escolhido foi um sucesso. Certas pessoas interrogam:

> *Qual será o papel do crioulo, a nossa Língua Cabo-verdiana, em Cabo Verde?*

A nossa língua oficial é o português sendo portanto evidente que os nossos jovens devem aprendê-lo o melhor possível. Por outro lado existe na nossa terra uma situação bilingue que não podemos ignorar. O facto de nunca se ter usado o crioulo nas escolas e dos alunos mais novos não terem ainda o domínio do português levou estes alunos a defenderem-se com a *memorização em prejuízo da compreensão*. Este sistema tem-se arrastado por vários anos com manifesto prejuízo para a aprendizagem.

Sentimos que é necessário en contrar uma solução para este problema. Não pretendo de modo algum ser um defensor cego da nossa Língua Cabo-verdiana, mas quero chamar a atenção para a riqueza que encontramos em certos poemas ou contos em que se usam expressões idiomáticas muito difíceis de traduzir noutras línguas.

Não tenho dúvidas de que a Língua Cabo-verdiana vai ter um papel muito importante na educação em Cabo Verde. Quero deixar bem claro, que este facto não significa de modo nenhum que o português deve ser substituído pelo crioulo. Antes pelo contrário o crioulo poderá ajudar a falar o português mais depressa por permitir a aprendizagem pela compreensão e não pela memorização. Aqui também vemos que o cabo-verdiano é mais uma vez especial não deixando que a emoção se sobreponha à razão.

A educação em Cabo Verde, por outro lado, é o caminho para *a elevação do nível da população mais desfavorecida*, acontecimento que os cabo-verdianos esperam ansiosamente desde que se deu a independência.

Sabemos que o cabo-verdiano, de uma maneira geral, sempre deu prioridade à educação e que os responsáveis pelo governo de Cabo Verde têm investido bastante na educação mas tornou-se urgente a sua reformulação. Acredito que embora o caminho para elevar o nível da população mais desfavorecida passe pelo

- incentivo da criatividade
- melhoria da economia
- desenvolvimento da pesca, agricultura e indústria
- desenvolvimento da habitação
- saneamento eficaz
- elevação dos valores morais

e muitos outros em que se tem investido bastante em Cabo Verde, não podemos esquecer que é através da educação que todos estes pontos poderão ser melhorados e todos convergirão na elevação do nível da população mais desfavorecida. Deste modo conseguiremos ter um Cabo Verde melhor e mais feliz. Pensamos que muitos imigrantes dariam o seu contributo para atingir este objectivo.

Poderá parecer estranho que os imigrantes cá de tão longe possam estar interessados nos problemas da terra tão distante. Não é difícil compreender isto, pois existe em Cabo Verde um fluxo contínuo de fora para dentro e de dentro para fora.

Em todo o instante qualquer família tem membros fora e dentro. Os problemas de Cabo Verde são de todos os cabo-verdianos e portanto será uma satisfação geral ver tudo a correr bem. Este é outro pormenor que faz com que o cabo-verdiano seja especial.

Cabo Verde é único no mundo devido à sua constituição física (10 ilhas), à sua situação geográfica, à sua gente, à sua condição bilingue, e a muitos outros factores. É difícil encontrarmos situações que possam ser transferidas. Cabo Verde é original e a solução dos seus problemas terá de ser original. Só os cabo-verdianos poderão correctamente e completamente entender e sentir Cabo Verde. Portanto a chave da solução dos problemas de Cabo Verde está com os cabo-verdianos.

Em conclusão, Cabo Verde, a sua gente e a solução dos seus problemas são todos originais. Não interessa portanto se tu cabo-verdiano estás num determinado momento dentro ou fora de Cabo Verde. Podemos todos dar as mãos para resolver os problemas da nossa terra. Todos ficaremos a ganhar.

Em várias ocasiões temos mostrado ao mundo que somos especiais. Assim, continuaremos com o nosso bilinguismo, a nossa multicultural idade e acima de tudo com Cabo Verde no nosso coração.

18. Excelência em Educação

O Crioulo tornou-se a língua do povo cabo-verdiano, sendo uma língua falada em todos os níveis da sociedade. Contudo, vários argumentos herdados do tempo colonial evitaram o seu uso como um veiculo de instrução, e relegaram-no a uma posição de menor importância, uma vez que pensa não merecer investigação cientifica séria...

O crioulo tornou-se a língua do povo cabo-verdiano, sendo uma língua falada em todos os níveis da sociedade. Contudo, vários argumentos herdados do tempo colonial evitaram o seu uso como um veículo de instrução e relegaram-no a uma posição de menor importância, uma vez que se pensa não merecer investigação científica séria.

Deve haver uma forte correlação positiva entre a não utilização da língua nativa dos estudantes e o grande número de reprovações especialmente nos graus um a quatro. Assim é necessário um estudo para averiguar o papel da educação bilingue cabo-verdiano / português na instrução dos alunos cabo-verdianos.

18.1 Treino de Professores

Como resultado da investigação que será conduzida, algumas escolas e programas serão identificadas como "excelentes" para os estudantes cabo-verdianos. As escolas estarão interessadas em seguir estes programas não só por causa da metodologia bilingue, mas também pelo interesse em improvisar continuamente. Contudo, não há nenhuma garantia que as escolas feitas à semelhança doutras excelentes, continuem a ser excelentes, uma vez que instituições diferentes têm atitudes diferentes em relação à educação e métodos de ensino. Mais ainda, as experiências passadas e os objectivos dos estudantes e professores são todos diferentes. Isto significa que os programas têm de ser adaptados às novas realidades, para que possam restabelecer excelência. Se os professores não forem preparados convenientemente, nenhuma mudança poderá ser obtida no sistema actual. Os professores terão de ser inovativos e flexíveis nos seus métodos de ensino, para que possam adaptar-se às necessidades dos estudantes. Não se pode esperar que sejam os estudantes a adaptarem-se a um estilo particular de ensino. Isto significa que cada professor terá de ser um eterno estudante, para que não fique desactualizado. O treino de professores terá de ser oferecido continuamente, e a todos os professores. As condições económicas presentemente existentes em todo o mundo e, particularmente, em Cabo Verde, torna quase impossível implementar um programa desta espécie. Pode-se treinar um número reduzido de educadores (por exemplo 12 professores e três administradores). Uma vez treinados, estes educadores tornar-se-ão os futuros treinadores doutros educadores.

Providenciar treino contínuo para um sistema escolar completo é um desafio tremendo e um trabalho bastante intenso. De qualquer maneira, acreditamos que a única forma de assegurar sucesso é multiplicar os resultados do treino e nunca deixá-lo parar. Treinando um pequeno número de educadores que serão futuros treinadores, terá o efeito duma bola de neve e poderá ser feito com um reduzido investimento de capital.

18.2 Objectivos do Projecto

O objectivo principal do projecto é trabalhar com um grupo de professores e administradores de tal maneira que, ao terminarem o treino, estarão preparados para conduzirem investigação contínua nas suas classes, ficando aptos a:

- Identificar as necessidades de mudanças nas suas classes logo que começarem a existir; esta identificação será efectuada usando uma maneira original de desenvolver os instrumentos necessários para esta análise usando o *Educacional Program for Teachers (EPT).*
- Comparar várias alternativas e escolher a melhor para uma classe particular num determinado instante; esta comparação será feita usando uma maneira original de apresentar e aprender estatística baseada num *Spreadsheet Statistical Package for Industry and Education (SSPIE).* Esta comparação também requererá o conhecimento das técnicas de investigação em educação.

Consequentemente, os objectivos da segunda parte do projecto (treino de professores) serão como vem a seguir descrito:
Objectivo 1 - Uso do *Educational Program for Teachers* (EPT), um passo necessário para os ajudar a desenvolver os instrumentos necessários para analisar a mudança.

Objectivo 2 - Identificar as necessidades de mudança logo que começam a aparecer.

Objectivo 3 - Fornecer treino para usar o *Spreadsheet Statistical Package in Industry and Education* (SSPIE) necessário aos professores para compararem alternativas.

Estas actividades serão processadas continuamente porque, num dado momento (algumas vezes longo, algumas vezes próximo) depois da implementação, uma nova "necessidade de mudança" pode aparecer, exigindo ao professor repetir o processo de novo. Isto significa que o programa é dinâmico e requer avaliação contínua. Para um avaliador de fora, isto é um trabalho bastante exigente, sendo muito difícil de desempenhar com completa satisfação. O professor está, portanto, na melhor posição para fazer tais avaliações, com mais eficácia, e com frequência. As mudanças reais nas salas de aula terão de vir dos professores. O desenvolvimento de treinadores que prepararão outros professores é a maneira mais eficiente de desempenhar este trabalho.

18.3 Estrutura Curricular do Projecto

O projecto refere-se ao treino de 13 educadores, 10 professores e três administradores. Uma vez treinados, estes educadores tornar-se-ão os futuros treinadores doutros educadores. Os administradores terão o mesmo treino fornecido aos professores/treinadores podendo actuar como elementos de ligação quando as necessidades de mudança se tornarem evidentes e soluções para implementação forem propostas. Eles darão também o necessário apoio e incentivo para conseguir uma implementação bem sucedida. Serão os treinadores de outros administradores.

Providenciar treino contínuo para um sistema escolar completo é um desafio tremendo e um trabalho bastante intenso. De qualquer maneira, acreditamos que o único meio de assegurar sucesso é multiplicar os resultados do treino e nunca deixá-lo parar. Treinando um pequeno número de educadores que serão futuros treinadores, terá o efeito duma bola de neve e poderá ser feito com um reduzido investimento de capital.

18.4 Treino a Ser Oferecido

Os seguintes treinos serão oferecidos:

1 - Estatística num mundo tecnológico

Quase todos os estudantes com curso universitário frequentaram pelo menos um curso de estatística básica, mas a grande maioria não gosta da matéria. Os professores terão de conhecer bem a estatística e gostar dela para terem sucesso neste projecto. Isto é possível graças ao SSPIE. Este curso preparará os professores participantes a desenvolver instrumentos para identificar as necessidades de mudança nas suas aulas logo que elas comecem a tornar-se necessárias.

Tradicionalmente o ensino da estatística tem sido feito com o auxílio de um livro de texto e, mais recentemente, usando um calculador. No processo de resolver problemas de estatística, os estudantes têm de trabalhar com uma grande quantidade de cálculos simples e algoritmos pelo que o trabalho se torna bastante longo e monótono. Frequentemente este estado de coisas resulta numa falta de interesse dos estudantes e consequentemente, numa pobre preparação em estatística.

Com o aparecimento dos computadores, os programas de estatística foram introduzidos nas classes. Deste modo, os inúmeros cálculos pequenos puderam ser evitados, reduzindo a quantidade de trabalhos repetitivos e monótonos. Com os computadores os problemas reduziram-se à introdução de dados e obtenção imediata dos resultados. Contudo, este sistema faz com que um grande número de estudantes não compreenda como os problemas são resolvidos ocasionando uma grande dificuldade na interpretação dos resultados.

Tomando em consideração o que se acabou de descrever, não é difícil compreender que o ensino da estatística tem sido um problema no ensino a nível universitário. O grande número de estudantes que evitam a estatística, e a necessidade crescente desta matéria em educação, fez com que muitas soluções em investigação que requerem intervenção estatística tenham sido simplesmente ignorados ou substituídos por pobres alternativas. Devido às necessidades de estatística em educação, um treino especializado deve ser oferecido.

Um conjunto de programas de estatística foi criado de tal modo que evita aos utilizadores os inúmeros e monótonos pequenos cálculos feitos com lápis, papel e calculador, enquanto que evita também os inconvenientes dos conjuntos de programas tradicionais.

Propomos o uso de folhas de cálculo electrónicos que apresentam todos os pormenores do problema enquanto os estudantes apenas necessitam de fornecer os dados para obter os resultados. Os conceitos e processos entre a entrada de dados e a obtenção dos resultados são apresentados de tal maneira que o utilizador pode rever todos os pormenores das soluções. O sistema educacional resultante da utilização de folhas electrónicas de cálculo é completamente diferente. A monotonia é evitada e todo o trabalho que vai desde a entrada de dados até à obtenção dos resultados não fica perdido. O significado dos resultados é enfatizado e compreendido.

Os estudantes poderão aprender mais e melhor, e o professor poderá ir mais longe no curriculum de estatística. O estudante beneficiará duma melhor preparação.

2. *Investigação em Educação*

Este curso é uma continuação lógica do anterior e ajudará os professores que participarão dos treinos no uso dos métodos de investigação.

3 - Seminário

Neste curso os professores a serem treinados aplicarão os conhecimentos adquiridos nos dois cursos acabados de referir no ensino dos seus estudantes, debaixo da supervisão do encarregado do curso.

4 - Treino de Outros Professores

Os professores, depois de treinados, passarão a ser os novos treinadores. Eles trabalharão com um certo grupo de professores apresentando-lhes o que aprenderam nos cursos. Os professores serão convidados a apresentar os problemas que se levantam nas suas aulas, e os treinadores ajudarão a solucioná-los. Isto permitirá aos treinadores ganhar a experiência que necessitam para trabalhar como treinadores.

Durante o desenvolvimento do projecto, serão conduzidas avaliações, para determinar:

- se as actividades são adequadas
- o aproveitamento das pessoas que estão a ser treinadas
- o nível de competência das pessoas que estão a ser treinadas.
- oito avaliações, duas para cada curso (preteste e posteste), serão seleccionadas através da utilização de um questionário com perguntas do tipo que vem a seguir (escolhe 1, 2, 3, 4, ou 5) onde:

1 = discordo fortemente

2 = discordo

3 = concordo mais ou menos

4 = concordo

5 = concordo fortemente

Exemplo de uma questão:

Posso fazer a seguinte

actividade (descrição) 1 2 3 4 5

Os números escolhidos serão utilizados como tais no tratamento estatístico. O mesmo questionário será utilizado no preteste e posteste. Estes testes avaliarão o aproveitamento do treinando. No último curso (treino de outros professores), o preteste e o posteste avaliarão o aproveitamento dos professores treinados pelos novos treinadores. Haverá também quatro avaliações para professores (um para cada curso). Os três primeiros avaliarão os instrutores dos três cursos, e o último avaliará os quinze treinadores.

Os diferentes resultados serão comparados estatisticamente através de testes convenientes, usando os programas EPT e SSPIE. As relações entre as variáveis serão determinadas através de correlações, regressões e aproximações sucessivas.

Resultados Antecipados

As pessoas serão treinadas para aprenderem estatística usando computadores e os programas SSPIE e EPT num ambiente educacional original no qual os pormenores dos problemas estatísticos não serão perdidos e o significado dos resultados serão enfatizados e compreendidos.

Os seguintes materiais serão produzidos para o treino:

- Spreadsheet Statistical Package for Industry and Education (SSPIE)
- Education Program for Teachers (EPT)
- Materiais de texto.

19. Que Futuro Poderá Esperar Cabo Verde?

Analisamos algumas questões que importam de maneira essencial a Cabo verde e que certamente não poderão ser esquecidos na definição do futuro de Cabo Verde: os computadores, formas de energia, exploração do mar, a língua cabo-verdiana, o problema bilingue no mundo, o ensino do crioulo nas escolas...

Cabo Verde está sob a influência permanente dos ventos secos do Sahara que ocasionam grandes períodos sem chuva, influenciando fortemente a vida e a economia dos seus habitantes. Tenho encontrado cabo-verdianos ainda cheios de esperança no futuro enquanto que outros se mostram desanimados pois acham que com a independência Cabo Verde devia já mostrar maiores mudanças para melhor. Quando pergunto a mim mesmo que futuro poderá esperar Cabo Verde a resposta que vem imediatamente ao meu pensamento é esta: Aquele que o Povo Cabo-verdiano tiver a habilidade de sonhar e construir.

Para isso, não poderá deixar de atender que o mundo vive hoje numa sociedade tecnológica que sem dúvida alguma continuará a avançar e a desenvolver-se influenciando também grandemente as condições de vida no futuro. Por outro lado, não poderá deixar de atender que a sociedade actual é extremamente competitiva e que, portanto, muda continuamente. Cabo Verde terá de criar novas fontes de riqueza e conservar e melhorar as existentes.

19.1 Formulação Duma Tese

No que respeita à indústria, sem excluir muitas outras, a indústria electrónica merece uma atenção especial pois não origina poluição e não exige matéria - prima de Cabo Verde. Apenas usa o trabalho aí existente o que é um bem para Cabo Verde, atendendo a que a percentagem de desemprego é bastante significativa. Por outro lado eleva o conhecimento técnico das pessoas que trabalharão nestas fábricas possibilitando a Cabo Verde a competição com os países mais desenvolvidos. Porque não fazê-lo com base em Cabo Verde? Para que as pessoas de fora se interessem realmente em montar indústrias em Cabo Verde, há que dispor de instalações num curto espaço de tempo, de energia eléctrica constante, a certeza de que a água será fornecida sem falhas e embora haja facilidades para arrancar com estas iniciativas, as facilidades terão de ser maiores e reais. As indústrias criadas exigem a criação doutras e o efeito da bola de neve a crescer será uma realidade.

Nos últimos anos o petróleo tornou-se uma preocupação para muitos países. A procura de novas formas de energia tem aumentado com o tempo. Muitos acreditam que o petróleo tem os seus dias contados:

as reservas chegarão ao fim num futuro próximo. Dois dos factores causadores das secas em Cabo Verde, por ironia do destino, constituem duas fontes inesgotáveis de matéria - prima para as energias eólica e solar. Juntando a energia hidráulica (marés), Cabo Verde poderá dispor de três formas de energia que poderão ser o ponto de partida para um futuro excepcional.

Outro campo que poderá ser extraordinariamente útil é o da Oceanografia. É de estranhar que os oceanos possam ser tão mal conhecidos. Não me admiraria que a exploração dos oceanos viesse em pouco tempo a ultrapassar a exploração do espaço e viesse a ser uma das grandes preocupações do mundo no próximo século. Será que nós estamos preparados neste campo? As bolsas de estudo minguaram bastante e tornaram-se bastante preciosas. Porque não criar bolsas de estudo nestes domínios para sensibilizar pessoas, mudar mentalidades e ser criativos nestes campos? Porque não tirar proveito da oceanografia para atrair turistas?

Os computadores desenvolveram-se surpreendentemente nos últimos anos. O meu primeiro contacto com um computador pessoal foi há volta de 40 anos, quando por razões especiais, fui presidente do Conselho Directivo do Observatório Astronómico da Universidade de Coimbra. O observatório dispunha de um pequeno Hewlett Packard. Uma das cadeiras que ensinava naquela altura era a cadeira de Vias de Comunicação para alunos de Engenharia Civil e imediatamente todo o programa foi desenvolvido naquele pequeno computador que tinha apenas 1K de memória. Os alunos aprenderam a Linguagem BASIC e em menos de dois meses faziam o projecto de uma estrada que até aí era feito num semestre inteiro. Dois dos alunos recusaram-se a entrar no mundo da computação mas pouco tempo depois tiveram que se render à evidência: os computadores estavam para ficar. Aquele computador tinha apenas uma linha com texto no ecran. Para se escrever uma segunda linha a primeira tinha que desaparecer. Quantas maravilhas se fazia naquele computador! Aproveitava os fins-de-semana para trabalhar nele. Uma vez, quando voltei para casa depois de uma dessas sessões de trabalho o meu filho que tinha oito anos de idade disse: *O papá tem duas mulheres!* Todas as conversas pararam à espera do desfecho. O meu filho terminou: *O computador e a mamã.* A minha mulher nunca se esqueceu e lembra-me da conversa de tempos a tempos para me censurar bastante amigavelmente quando vê que dou demasiada atenção ao computador.

Há 33 anos aproximadamente emigrei para os Estados Unidos da América e na primeira universidade em que fui professor dispunha de Apples 2+ para as minhas aulas com uma memória de 8K. Já conseguia escrever programas um pouco maiores e podia ver à volta de 12 linhas no ecran. Uma vez em que me dirigia para uma aula na sala de computadores encontrei os meus alunos bastante nervosos e perguntei-lhes o que estava a suceder. Um deles disse-me:

> *Então não sabe? Estão a aumentar as memórias dos computadores para o dobro*!

Pouco tempo depois fui trabalhar também noutra universidade que tinha acabado de adquirir Apples IIe com 128K e há uns oito anos os computadores IBM entraram com força na educação, destronando o Apple IIe e em pouco tempo as memórias começaram a aumentar desmedidamente fazendo lembrar a desvalorização do cruzeiro. Agora a maior parte dos meus alunos têm computadores em casa com uma imensidade de memória podendo ter enciclopédias, atlas, e sabe lá Deus que mais.

Os computadores constituem presentemente um utensílio tão necessário como uma caneta, uma enxada ou um automóvel. Podem controlar outras máquinas para a produção, são a base da simulação, para não falar de muitas outras aplicações. Certos países estão fortemente equipados com um sem número de computadores, exercendo as funções mais variadas. Outros têm um número muito limitado e está neste grupo a maior parte dos países do terceiro mundo e, em particular, Cabo Verde. Neste momento é difícil decidir qual a melhor política a seguir para os computadores pois estão constantemente a mudar e um grande investimento pode ser desastroso por poderem tornar-se obsoletos em poucos meses. Com os programas sucede o mesmo por dependerem do computador para que foram criados. Tive que escrever o meu curso de Estatística num curto espaço de tempo em três linguagens diferentes.

Do exposto, concluímos que Cabo Verde terá toda a vantagem em lançar mão de métodos originais para alcançar um futuro que o dignifique e dê felicidade e alegria a todos os seus filhos. Para isso terá de deixar de depender das chuvas. Relembrando alguns dos pontos já referidos:

- novas formas de energia (eólica, solar, hidráulica - marés)
- exploração do mar
- computadores

aceitamos sem dificuldade a seguinte tese:

O futuro de Cabo Verde terá de ser construído através da educação.

19.2 A Língua Cabo-verdeana

Em Cabo Verde coexistiram duas línguas, a portuguesa e a cabo-verdiana (crioulo), durante muitas centenas de anos. Grande percentagem da comunidade é bilingue, sendo o grau de bilinguismo bastante variável. Toda a população fala a língua cabo-verdiana que não tem ainda uma gramática aprovada escrita. Foi sempre relegada para uma posição secundária e, ainda hoje grande número de cabo-verdianos continuam a proceder do mesmo modo. As tentativas para mostrar que o crioulo não tem interesse têm sido várias mas continua a ser a língua do amor, dos poetas e hoje em dia tem tido uma importância bastante grande na educação bilingue em grandes comunidades de cabo-verdianos fora de Cabo Verde. Atendendo também que é cantado constantemente nas mornas e coladeiras é evidente que o crioulo nunca desaparecerá e, portanto, devíamos valorizá-lo pensando seriamente na sua escrita e no seu papel na educação (tanto o crioulo oral como o escrito).

O crioulo é falado não só por todos os cabo-verdianos que residem em Cabo Verde mas também pelos que residem em Portugal, Estados Unidos, Canadá, Brasil, Angola, Moçambique, Guiné, África do Sul, Holanda, França, e muitas outras partes do mundo. Os filhos desses cabo-verdianos, embora nascidos no estrangeiro, falam a língua cabo-verdiana em grande percentagem. Em face do exposto compreendemos que em vez de tender a desaparecer o crioulo tem vindo a firmar-se ao longo do tempo e o seu uso a espalhar-se. Nos Estados Unidos da América, tenho encontrado filhos de cabo-verdianos que não nasceram em Cabo Verde nem nunca lá estiveram que não só falam o crioulo como qualquer cabo-verdiano, como estão completamente dentro de grande número de problemas culturais cabo-verdianos.

Um caso bastante interessante é o de um cabo-verdiano que reside em Lakeville, Massachusetts, nascido na América, que não conhece Cabo Verde e, no entanto, é fluente em crioulo, com a particularidade de falar, quando quer, com o sotaque característico da Brava, de S. Tiago ou de S. Nicolau, como se fosse natural daquelas ilhas.

A língua nativa do cabo-verdiano é o crioulo. Depois da independência passou a ter a língua portuguesa como língua oficial. A língua de instrução é a língua portuguesa. Por esta razão, a criança, até aos sete anos, fala o crioulo e, logo no primeiro dia de aulas, depara-se-lhe abruptamente uma nova língua, sendo obrigada a usá-la exclusivamente, durante as horas de aulas. Como é compreensível a barreira linguística tem efeito bastante nocivo nessas crianças de tenra idade, fazendo com que logo de início a escola seja para elas um grande sacrifício incompreensível. No entanto, esta situação pode ser facilmente remediada.

A criança cabo-verdiana nasce e cresce numa comunidade que fala uma língua que não é uma língua mundial. Ela necessita, portanto, duma segunda língua para se comunicar com os outros povos, para poder ter acesso aos acontecimentos diários, à educação, etc. O cabo-verdiano poderá deste modo trocar ideias com os outros povos resultando daí uma apreciação e respeito pelas diferentes culturas.

19.3 O Problema Bilingue no Mundo

Este problema existe em muitas partes do mundo.

No Ceilão (Sri Lanka) vivem os Singelezes que são Budistas e os Tamils que são Hindus. Com a escolha do Sinhalese como língua nacional passou a haver grandes discórdias entre as duas comunidades.

Quando foi decidido usar o Sindhi como língua oficial, no Paquistão, houve desordens que originaram a morte de várias dezenas de pessoas.

Em Madagáscar, as comunidades minoritárias reagiram contra a língua nacional pois pensam ser preferível usar as línguas nativas na escola em vez da língua nacional.

Na Índia, depois da independência, foi escolhido o Hindi para língua nacional. Mas sucede que só aproximadamente 30% da população o falam e fora da Índia poucos o entendem pelo que o inglês continua a ser necessário não só para a comunicação com o estrangeiro como para a comunicação dentro do próprio país pois existem mais de 1000 línguas faladas por diferentes grupos.

O Canadá vive com duas línguas oficiais (inglês e francês).

Na África do Sul, com 14 milhões de Bantos e dez diferentes línguas, a língua nativa dos estudantes é usada como meio de instrução, juntamente com uma das línguas oficiais, inglês ou africander, como segunda língua.

Na Bélgica com as línguas flamenga e francesa, a primeira foi considerada língua oficial no Sul. Contudo as escolas não são bilingues.

Nos Estados Unidos a educação bilingue (língua nativa do emigrante e o inglês) está espalhada por todo o país.

O Estado de Massachusetts criou programas bilingues nas seguintes línguas nativas dos estudantes: cabo-verdiana, portuguesa, espanhola, chinesa, grega, haitiana, francesa, italiana e arménia. Neste Estado a educação bilingue é praticada em mais de 40 cidades.

Repare-se que embora encontremos, no mundo, grande número de países a necessitar de mais de uma língua, o problema em Cabo Verde reveste-se de aspecto completamente diferente. Assim, não há o perigo de deixar parte da população com o problema linguístico por resolver como aconteceu no Ceilão; não há o perigo da solução vir a causar desordens como no Paquistão; não há o problema complexo da existência de mais de 1000 línguas, como na Índia, nem o problema de movimentos separatistas como no Canadá.

No caso de Cabo Verde, a utilização da segunda língua acarreta problemas linguísticos na sua aprendizagem e, como as duas culturas não são iguais, terá também alguns problemas com os novos conceitos. A língua portuguesa é a nossa segunda língua que me parece ter várias vantagens:

- é a língua que mais se aproxima da língua cabo-verdiana

- é a língua em que a maior parte dos professores foram preparados a ensinar
- é uma língua falada por uma grande população no mundo: Portugal, Brasil (100 milhões), Angola, Moçambique, S. Tomé e Príncipe, Guiné, Macau, Timor e grande número de emigrantes espalhados por muitos países
- é irmã do espanhol, língua falada por uma população ainda maior
- porque existem fortes relações comerciais entre Cabo Verde e outros países de língua portuguesa.

19.4 O Ensino do Crioulo nas Escolas

Um dos argumentos contra a aprendizagem do crioulo na escola, é que a criança já o conhece em virtude de ser a sua língua antes de começar a frequentar a escola. Relativamente a este argumento, ela não o aprendeu completamente antes de ir para a escola. Aprendeu-o suficientemente para as suas finalidades como criança (brincadeira com os colegas, entendimento com a família, etc.) mas ainda precisa desenvolvê-lo.

Tive ocasião de verificar com alunos cabo-verdianos, de 15 a 17 anos, estudantes do programa bilingue, grandes confusões na construção de frases em crioulo, no presente, passado e futuro, sem falar noutras confusões. No entanto, muitos deles já tinham tido, pelo menos, oito anos de escolaridade em Cabo Verde.

Um dos mais importantes e difíceis problemas relacionados com a aprendizagem da língua nativa é o da obtenção de materiais de estudo. O uso do crioulo apresenta o problema de não haver sido ainda definido como língua escrita e de não haver sido escrita a primeira gramática ao nível das crianças. Outro problema é o de não haver professores em número suficiente para o ensino da língua nativa.

20. Educação Bilingue em Cabo Verde

Acreditamos que a educação bilingue é uma boa alternativa para o ensino em Cabo Verde. Os estudantes cabo-verdianos já experimentaram o ensino bilingue na América durante mais de 40 anos aproximadamente...

Os alunos em Cabo Verde podem comunicar-se em crioulo quando começam a escola (seis ou sete anos de idade) mas, em geral, não o podem fazer em português. Quando lhes é imposto o uso do português, sem outra alternativa, preferem ficar calados, pois sentem medo de errar e ser alvo da troça dos colegas e, muitas vezes, do próprio professor. Este vai falando quase todo o tempo, mandando repetir algumas vezes e arrancando penosamente algumas respostas. Muitos assuntos de matemática, ciências sociais, português e outros, são decorados sem terem sido compreendidos. A falta de domínio do português obriga a isto, dando lugar a diálogos bastante confusos. Uma alternativa seria explicar o conceito em crioulo. Depois de entendido, a mesma ideia poderia ser transmitida em português. Teríamos assim o crioulo a servir para os alunos entenderem os primeiros conceitos de matemática, ciências, história etc. e, ao mesmo tempo, serviria para facilitar a transição para o português, que seria ensinado como segunda língua.

Numa situação bilingue de transição, o crioulo seria usado cada vez em menor proporção conforme o aluno fosse avançando da primeira para a segunda classe, da segunda para a terceira classe e assim sucessivamente. Por outro lado, o uso do português, pelo contrário, iria sendo usado cada vez em maior proporção. Ao fim de quatro anos aproximadamente, o aluno poderia então passar a usar apenas o português.

Fazendo um balanço rápido concluímos que ao fim de poucos anos o aluno fica apto a acompanhar as aulas em português, aprende todas as outras matérias com a ajuda do crioulo e, mais importante ainda, não tem agora necessidade de decorar. Desde os tempos antigos que se acredita que o uso do crioulo prejudica a aprendizagem do português. Contudo, numa situação bilingue de transição, acontece precisamente o contrário. Para os alunos que ainda não dominam o português, se for usado o crioulo, as diferentes matérias são entendidas e, ao mesmo tempo o aluno faz uma transição suave para o português com a ajuda dos conceitos já aprendidos no crioulo. Por outro lado, ao eliminar a necessidade de decorar (defesa natural quando o aluno não entende a língua de instrução), a aprendizagem melhora duma maneira notável.

Há necessidade urgente do Ensino Bilingue Cabo-verdiano/Português nas escolas cabo-verdianas. Repare-se, no entanto, que não se vai para uma aventura às cegas. O Ensino

Bilingue Cabo-verdiano/Inglês já existe, nos Estados Unidos há mais de 20 anos. Toda a experiência adquirida nestes anos, as investigações feitas, assim como a filosofia do ensino bilingue, podem ser todas transportadas para o futuro Ensino Bilingue Cabo-verdiano/Português com as necessárias adaptações. O ensino em Cabo Verde seria enriquecido e o insucesso escolar nos quatro primeiros anos de escolaridade seria reduzido de maneira notável.

É importante notar que é necessário conduzir estes estudos em Cabo Verde.

Resultados e conclusões obtidos noutros países não poderão ser usados às cegas, uma vez que cada país tem as suas próprias variáveis e a relação entre elas varia de país para país e muitas vezes até no próprio país com o decorrer do tempo. Consequentemente, a utilização de dados e linhas de conduta usados noutros programas pode falhar por poderem ser artificiais para Cabo Verde uma vez que não entram em conta com certas realidades importantes. O trabalho fica assim sem validade. A repetição pura e simples de programas usados noutros países não deve ser prática corrente como antigamente uma vez que nos dias de hoje a tecnologia e os instrumentos necessários, estão ao alcance de qualquer país. Portanto, é aconselhável conduzir uma investigação séria e rigorosa baseada nas realidades do país, com as suas variáveis bem definidas para poderem reflectir as necessidades locais.

Um programa piloto, conduzido num certo número de escolas, com um certo número de alunos e professores, pode abrir o caminho a um sistema educacional onde se poderão usar as metodologias bilingues. Convenientemente conduzido e analisado, os dados poderão oferecer informações importantes para investigação e melhoramento progressivo do ensino através de conclusões rigorosas e aproximações sucessivas. Depois de prova concreta de sucesso, o programa poderá então ser estendido a todo o país, de acordo com as conclusões e as limitações obtidas no estudo piloto.

Todos os níveis da educação elementar e intermédia deveriam ser analisados por serem aqueles nos quais o comando do português é mais pobre, sendo natural que o impacto do crioulo varie de nível para nível, sendo maior durante os primeiros anos de escolaridade e menor nos últimos anos. Os resultados da investigação ajudarão mais tarde a definir a frequência do uso das duas línguas.

Nos Estados Unidos a educação bilingue recebe de tempos a tempos, ataques de todos os lados. Neste momento mais uma vez a educação bilingue parece ser "o bombo da festa". Tentando analisar a razão desta situação pergunto: quem são os principais beneficiados com a educação bilingue? A resposta é evidente: os imigrantes de todas as nacionalidades que emigram para os Estados Unidos e fazem deste país também a sua pátria. Como resultado da educação bilingue os emigrantes ficam aptos a concorrer para qualquer emprego em igualdade com qualquer cidadão, nativo ou não. Há portanto grande vantagem na educação bilingue sem mencionar muitas outras. Muitas pessoas, conscientemente ou por ignorância, atacam a educação bilingue como se fosse um cancro para este país. Se conseguirem os seus intentos é evidente que será um grande prejuízo para os emigrantes a quem retiram este meio de instrução mas esquecem que indirectamente será um prejuízo para o país, pois como no passado uma grande percentagem abandonará os estudos ficando com uma preparação muito aquém da que poderia ter em caso contrário. Perdem os emigrantes, mas também perde o país.

É curioso que muitos pais cabo-verdianos estão tão mal informados sobre o programa bilingue que alguns forçam as escolas a colocar os filhos no programa monolingue (note-se que esta decisão pertence aos pais). Tenho ouvido argumentar:

> *O meu filho não veio para a América aprender o crioulo mas sim inglês.*

Felizmente a situação no programa monolingue para os recém emigrantes é tão antinatural que as desvantagens se tornam evidentes em pouco tempo depois de mudarem de programa. Os pais não têm outra alternativa senão ir à escola e pedir que o filho volte de novo para o programa bilingue. Muitos pais pensam que no programa bilingue os alunos vão aprender crioulo o que está completamente errado. Na realidade o estudante no programa bilingue aprende as diferentes matérias (matemática, ciências, história, etc.) usando duas línguas (neste caso crioulo e inglês). A finalidade não é ensinar crioulo mas usar o crioulo como meio de comunicação para aprender as outras matérias incluindo a aprendizagem do inglês. É claro que se o estudante cabo-verdiano já dominar o português outra alternativa para ele é o bilingue português/inglês que tem a vantagem de se poder usar ambas as línguas tanto oral como escrita. No entanto outra componente a ter em consideração é a cultural de modo que nas escolas bilingues Cabo-verdiano/Inglês nos Estados Unidos a balança pende às vezes para um lado ou para o outro conforme a localização e as características dos programas bilingues existentes.

Em Cabo Verde ouvia muitas vezes falar da grandeza da América. Pensava num país bastante grande no ponto de vista geográfico e demográfico, com uma esquadra poderosa, etc. Depois de cá viver algum tempo vi que o que eu tinha ouvido era verdade, mas cedo comecei a perceber de modo diferente o alcance da grandeza da América. Percebi que muitos países podem ser grandes geograficamente, demograficamente etc., mas poucos conseguem ser grandes pelos ideais e princípios com que se regem. Deste modo vi que a América era realmente grande ao verificar que, além doutros:

- criou o programa bilingue para que todos os habitantes tivessem as mesmas oportunidades
- garantiu à mulher e ao homem os mesmos direitos
- não fez distinção em relação à cor da pele, experiência cultural, crença religiosa, etc.

Em conclusão, é um país de liberdade, igualdade e oportunidade. Este facto é bastante importante pois vivemos num mundo sedento de liberdade e justiça.

Contudo, apesar destes belos princípios, muitas pessoas responsáveis neste país lutam cegamente e de dentes cerrados para derrubar a educação bilingue. Se o conseguirem não há dúvida que será um prejuízo tremendo para os imigrantes novos, mas acredito que será um prejuízo tremendo para a América. Não apenas porque a maior parte dos emigrantes seriam nivelados por baixo, mas por retirar à América um dos seus belos princípios que é o da igualdade de oportunidades para todos. Por acreditar que a América é um país grande não creio que esses ataques possam ter sucesso.

Acredito também que em Cabo Verde a educação bilingue acabará por ser uma realidade. Deste modo, passaremos dum ensino à base da memorização para um ensino natural baseado na compreensão.

Realmente para quê cansar as cabecinhas jovens pondo-as a decorar coisas sem significado para elas?

Como resultado da investigação que será conduzida, algumas escolas e programas serão identificados como sendo *excelentes* para os estudantes cabo-verdianos. Como é natural as outras escolas estarão interessadas em seguir estes programas. Contudo, não há nenhuma garantia de que as escolas feitas à semelhança doutras consideradas excelentes, venham a ser também excelentes a não ser que os programas sejam adaptados às realidades locais para que possam restabelecer excelência. Em particular, se os professores não forem preparados convenientemente, nenhuma mudança poderá ser obtida no sistema actual.

Os professores terão também de ser inovativos e flexíveis nos seus métodos de ensino, para que possam adaptar-se às necessidades dos estudantes. Não se pode esperar que sejam os estudantes a adaptar-se a um estilo particular de ensino. Isto significa que cada professor terá de ser um eterno estudante, para que possa estar apto a conservar a excelência na sua classe. Outra conclusão aparece logo como consequência lógica: o treino de professores terá de ser oferecido continuamente e a todos os professores sem excepção.

Para que a educação bilingue seja um sucesso, é necessária a colaboração dos pais, o trabalho sério dos alunos, o treino contínuo dos professores e uma acção vigorosa da administração. Será que valerá à pena fazer este investimento? Sem dúvida que sim, pois de qualquer maneira será uma realidade num futuro mais ou menos próximo. Portanto, quanto mais depressa melhor! Não prejudiquemos os nossos jovens e o nosso país.

As escolas têm a função de preparar os alunos. As mentes estão dia a dia a serem moldadas. Se o trabalho não for bem feito poderá ter repercussões negativas num grande número de pessoas que por sua vez vão influenciar negativamente muitas outras. O efeito é análogo ao da bola de neve. Se o trabalho for bem feito teremos o mesmo efeito, com a mesma intensidade, mas agora as repercussões são positivas e desejáveis. Em caso algum podemos ter uma educação que não seja boa: uma educação deficiente é demasiado cara.

21. Julgamentos à Primeira Vista

É muito importante verificar os julgamentos à primeira vista, conversando com os alunos. É assim que eles podem ser ajudados. Uma pequena alteração na maneira de ensinar pode ter um impacto bastante grande na aprendizagem do aluno. Há muitos casos vividos que deviam ser comunicados aos professores, através de treinos, que seriam oferecidos continuamente. Cada professor, pode criar as suas próprias aplicações, e tornar o ensino mais rico para os seus alunos. Quanto mais originais forem os professores mais úteis serão. O investimento em treinar professores é dos mais lucrativos...

O professor tem que avaliar cada um dos seus alunos; assim, cada ano que passa vai-se tornando mais experiente neste trabalho. Mas atenção! As avaliações à primeira vista são muitas vezes enganadoras.

Vou a seguir, relatar alguns casos que se passaram comigo.

Quando terminei o liceu, foi-me concedida uma bolsa de estudos de 500 escudos. Dava para muito pouco, de modo que me vi obrigado a dar explicações que era a minha primeira fonte de receitas para custear os meus estudos. Alguns dos meus explicandos eram meus colegas de curso e o número foi aumentando de ano para ano. Este facto fez com que tivesse de preparar as lições logo depois das aulas, pois tinha que as expor aos meus colegas que me pagavam para tal.

No meu último ano já ganhava o suficiente para as minhas despesas, de modo que não precisava de mais explicandos. Contudo, num certo dia, apareceu-me em casa uma senhora que usava umas lentes bastante potentes. Desejava explicações para um filho chamado Fausto que tinha feito o segundo ano do liceu e tencionava preparar-se para fazer a secção de ciências do quinto ano, dois anos mais tarde. Ela disse-me que pagaria 25 escudos por hora para que eu o preparasse.

O quantitativo que iria receber representava uma pequena fortuna para mim, que nessa altura cobrava quantidades variáveis. Se o explicando fosse um amigo, pagaria menos; se tivesse dificuldades económicas, era acrescentado ao grupo e não pagaria nada. A um certo explicando, dono duma fábrica bastante importante em Coimbra que passou um ano sem nada pagar, e que só me dizia: *toma nota das horas!* No fim do ano, o número de horas era tal que, para não receber um quantitativo demasiado elevado, cobrei-lhe seis escudos à hora! No ano seguinte ele queria que eu desse explicações à toda a família...

Voltando ao Fausto, ficou combinado que, em vez de se deslocar à minha casa, seria eu a deslocar-me à dele. Não percebi porquê mas 25 escudos à hora dava-lhe esse direito!

Chegou o dia da minha primeira explicação. Foi a mãe que me abriu a porta e passámos à sala onde ela me apresentou o Fausto. Ao estender-me a mão compreendi que era cego. A minha intenção era dar-lhe a primeira explicação, mas atendendo ao facto dele ser cego, disse-lhe que lá tinha ido apenas para conversarmos. Tinha que desistir, arranjar uma desculpa. Como iria ensinar um cego? Ainda por cima matemática, geometria, física... Os meus conhecimentos não chegavam a tanto! Ele precisava de alguém que tivesse aprendido a ensinar cegos. Para não magoar o rapaz, na altura nada lhe disse. Conversamos apenas. Perguntei-lhe como se tinha preparado para fazer o segundo ano. Ele disse-me que teve uma professora que lhe expunha a matéria e ele fixava. Era tudo! Perguntei-lhe pela professora e ele respondeu-me que ela tinha morrido. Pareceu-me mau agouro substituir uma professora que tinha morrido! Também quis saber como ele prestava as provas nos exames. Explicou-me que um dos elementos do júri ditava-lhe as perguntas que ele respondia por escrito, em Braille. Depois de tudo pronto, ele lia o que tinha escrito em Braille e o elemento do júri escrevia as suas respostas. Imediatamente fez-se luz. Já sabia como ensinar-lhe! Disse-lhe que eu lhe explicaria os conceitos e logo que ele os tivesse compreendido, dizia-lhe o que ele devia escrever nos seus apontamentos. Não podia limitar-se a ouvir como tinha feito no segundo ano pois as matérias eram muito mais complexas e mais vastas. Tinha que criar os seus materiais de estudo para os consultar sempre que quisesse.

Ao fim de dois anos em que trabalhámos duramente, Fausto tinha completado um caderno com a volta de dez centímetros de espessura. As folhas eram bastante grossas para que os pontos usados em Braille ficassem gravados em relevo no papel. Ele poderia passar o dedo no papel e ler o que tinha escrito. Em geometria eu fazia o desenho, indicava-lhe onde escrever as letras que definiam os pontos conspícuos, e daí fazia demonstrações, algumas das quais bastante complicadas.

Vim a compreender que Fausto era um aluno excepcional e que não havia dificuldade alguma em ensinar-lhe. Era até um prazer. Ele era extremamente estudioso e fazia uma ideia bastante apurada de tudo o que se passava à sua volta. Numa certa sessão de estudo, passou um avião a jacto. Aproveitei para lhe chamar a atenção do facto. Disse-lhe:

Fausto, aí vai um avião a jacto.

Ele respondeu:

Não é um, são dois.

Fui à janela e reparei que, de facto, eram dois.

O trabalho com ele era absorvente pelo seu aproveitamento, de modo que às vezes começávamos as lições a luz do dia e continuávamos até ao cair da noite. Quando eu já não conseguia ver dizia-lhe que já era noite. Ele ria-se e ia acender a luz.

Numa ocasião em que eu não podia ir dar a explicação, por estar doente, apesar de morar na extremidade oposta da cidade, preferiu deslocar-se à minha casa, na companhia da mãe, do que ficar sem explicação.

Entretanto chegaram os exames e ele ficou dispensado em todas as cadeiras, tendo sido o primeiro classificado entre todos os alunos do liceu masculino de Coimbra.

Ele fez depois o sétimo ano e ingressou na universidade. No tempo regulamentar terminou o seu curso. Ficou a trabalhar como professor do Liceu de Aveiro. Deslocava-se de Coimbra a Aveiro para dar as aulas.

Entretanto eu fui ensinar em Moçambique durante sete anos. Passei muitos anos sem o ver. Após o meu regresso, ao trocar de comboios com rumo a Coimbra, avistei-o a dirigir-se para o que seguia para Aveiro. Aproximei-me e disse-lhe:

Fausto, sabe quem lhe esta a falar?

Ele respondeu imediatamente em voz alta e braços estendidos:

Dr. Salazar Ferro!

Há 22 anos que me encontro nos Estados Unidos da América e a única notícia que tive é que ele é professor da Universidade de Coimbra.

Este é o Fausto que, após completar o exame do segundo ano, duvidei poder ensinar-lhe e ele que pudesse aprender. Como os professores se podem enganar!

O segundo caso que vou relatar deu-se com um aluno que ia fazer exame oral de matemática na Universidade de Coimbra. Eu já ensinava, havia uns seis anos. Quando o aluno foi chamado, vinha com um cigarro na mão e fumava a pequenos intervalos. Foi a primeira vez que via um aluno apresentar-se a exame a fumar. A atitude do aluno pareceu-me irreverente e esperei uns cinco minutos que ele parasse de fumar. Às tantas disse-lhe asperamente:

> *Tenho estado à espera que acabe de fumar para começar o exame.*

O aluno pediu desculpas e desfez-se do cigarro. O que eu não esperava é que ele ficasse visivelmente atrapalhado. Não acertava em nada. Disse-lhe que tivesse calma. Tive que interromper o exame e interrogar outro aluno para lhe dar tempo para se recompor. Depois voltei ao primeiro aluno. O ocorrido com o cigarro não o deixava raciocinar.

Se o mesmo episódio se tivesse desenrolado alguns anos mais tarde, teria enfrentado a situação de modo diferente. O que me pareceu ser irreverência, era apenas nervosismo por ir ser sujeito a um exame. Sempre lamentei este facto e sinto ter contribuído para o insucesso do aluno naquele dia.

Passados alguns anos, enquanto leccionava na Universidade de Lourenço Marques, Maputo, fui hospitalizado por ter desfalecido no automóvel. Felizmente a minha mulher e o meu filho mais velho estavam comigo. O caso deu-se à porta da casa duma médica amiga. Deixamos lá o carro e entramos no carro dela que nos levou ao Hospital da Universidade de Lourenço Marques, que fora inaugurado na véspera.

Foi concluído que fora a perfuração duma úlcera, causada por aspirinas que tomava. Pensaram logo em operar-me. Porém, com as várias transfusões de sangue que apanhei senti-me melhor e, os médicos desistiram da operação.

Entretanto, fui procurado por um aluno que pretendia fazer exame com urgência. Causava-lhe transtorno ter de esperar pela minha saída do hospital. O seu à vontade fez-me concluir que estava na presença de um aluno sabedor, que não teria dificuldade em lidar com as questões que lhe seriam postas no exame. O Director do Hospital deu-me autorização para me levantar, examiná-lo e voltar depois para a cama. Facilitou também as condições físicas, pondo uma sala à nossa disposição, com os requisitos necessários. Na hora combinada reunimo-nos; o aluno, um colega meu e eu. Porém, apesar da impressão positiva que o aluno causara à primeira vista, pudemos concluir que ele se encontrava pessimamente preparado, de modo que de nada serviu a boa vontade de todos.

Quando voltei para o meu quarto estavam algumas pessoas ali para me visitar. Tinham-lhes contado a razão da minha ausência, de modo que alguém perguntou se o aluno tinha passado. Respondi que não. Um bom amigo, Aristides Borja, sempre com excelente sentido de humor, ao ouvir a minha resposta, disse:

> *Tiveste a coragem de não o deixar passar? Se fosse eu, assim em perigo de vida, nunca reprovaria um aluno, soubesse ele o que soubesse!*

E assim terminou, com boa disposição, o exame que todos facilitaram porque o aluno parecia bem preparado e, portanto, merecedor do sacrifício de todos.

Ao fim de 40 anos de ensino, tive outra experiência com uma aluna, que era completamente surda e legalmente cega (só podia ver objectos grandes próximos dos olhos). Ela fazia-se acompanhar de um cão que a guiava, e só conseguia comunicar com as pessoas por intermédio duma intérprete. Quando ela apareceu, se fosse há muitos anos, certamente eu pensaria que não poderia ensinar-lhe. Mas depois de ter vivido muitos casos, procurei logo uma solução. Ela seria minha aluna numa cadeira de computadores. As aulas com ela teriam lugar no meu gabinete. O que tinha de ser mostrado no computador, era ampliado o número de vezes necessário para ela poder ver. Para tal quase que se colava ao ecran.

Como era completamente surda, a intérprete era um factor imprescindível. O que eu dizia era-lhe comunicado pela intérprete, por intermédio de sinais. A aluna respondia oralmente. No primeiro dia apenas afinámos a maneira de nos comunicarmos. Nas sessões seguintes, fui-lhe apresentando o programa. Conforme as aulas iam decorrendo, fui-lhe explicando que, como qualquer aluno, poderia ser aprovada desde que mostrasse saber um certo número de matérias. No entanto, se quisesse, poderia apresentar-lhe outras, com a finalidade de beneficiar daqueles conhecimentos, na sua vida profissional. Ela não só completou o mínimo requerido, mas todo o mais que lhe era oferecido. Criava situações novas de utilização e procurava resolver tudo com o maior interesse.

Esta aluna demonstrou poder aprender qualquer assunto e que apesar de surda e legalmente cega, era uma aluna brilhante.

Neste momento, ela ensina numa universidade na área da cidade de Boston.

Conclusão: É muito importante verificar os julgamentos à primeira vista, conversando com os alunos. Uma pequena alteração na maneira de ensinar pode ter um impacto bastante grande na aprendizagem do aluno. Há muitos casos vividos que deviam ser comunicados aos professores, através de treinos, que seriam oferecidos continuamente.

Cada professor, como aquela surda -cega pode criar as suas próprias aplicações, e tornar o ensino mais rico para os seus alunos. Quanto mais originais forem os professores mais úteis serão. O investimento em treinar professores é dos mais lucrativos.

22. Definição do Ensino em Cabo Verde

O ensino tem mudado em Cabo Verde desde o momento da independência. Passa-se em revista algumas variáveis em jogo no processo educativo: avaliação de alunos, actualização de professores, investigação em educação e papel da universidade...

O ensino em Cabo Verde tem mudado bastante num espaço de tempo relativamente curto desde o momento da independência até ao presente. Houve necessidade de um reajustamento da educação a novas realidades. O processo nunca mais parou e a complicar as coisas a educação em geral, por seu lado, está a mudar constantemente e a população escolar é uma percentagem bastante grande da população do país. A realização dos estudos universitários em países estrangeiros foi um auxílio bastante importante na educação mas com a diminuição das bolsas de estudo nos últimos anos o problema para os jovens complicou-se bastante. Cabo Verde precisa oferecer alternativas universitárias com muita urgência. Há também que solucionar muitos outros pontos de modo conveniente. O argumento de que Cabo Verde não dispõe de meios financeiros como muitos outros países não é aceitável pois a educação tem um retorno. Teremos assim de pensar em investimento e retorno. Contudo não poderemos deixar de reconhecer que é uma tarefa bastante complexa.

No que se segue passaremos em revista algumas variáveis em jogo no processo educativo: avaliação dos alunos, actualização dos professores, investigação em educação e o papel da universidade entre outras.

22.1 Avaliação dos Alunos

O sistema actual de avaliação pretende ser dum rigor matemático chegando, ao exagero de distinguir alunos com 12,4 e 12,5 valores, isto com base em determinadas classificações. Esta maneira de proceder pode ser de grande injustiça se atendermos ao facto de que os alunos podem ter tido professores diferentes, podem ter estudado em liceus diferentes, situados até em sítios bem diferentes. Por outro lado, tais alunos podem ter sido sujeitos a provas diferentes e vivido experiências muito diferentes. Assim, comparar as classificações como se tem feito é o mesmo que comparar as alturas de duas pessoas a palmo por dois indivíduos com palmos de comprimentos diferentes, acabando por concluir que aquele que mediu sete palmos é, por conseguinte, mais alto que aquele que mediu seis palmos. Na realidade, a pessoa que mediu seis palmos pode muito bem ser mais alta que aquela que mediu sete palmos. Da mesma forma, é perfeitamente concebível que um aluno que conseguir uma média de

15 valores num estabelecimento de ensino na cidade "A", poderia muito bem, ter uma média relativa superior a de um outro aluno que teve 17 valores num outro estabelecimento de ensino similar, na cidade "B". A triste realidade é que através dos tempos tais comparações têm tido lugar com frequência. Quantas injustiças não se terão cometido em nome da própria justiça!

Todos aqueles que fazem parte de um sistema educativo necessitam conhecer os processos de avaliação. As escolas, por seu lado, precisam de ser avaliadas para se conseguir saber quais as que estão a desempenhar as suas funções de forma adequada e quais são aquelas que não o estão fazendo. Assim, as causas de um possível fracasso poderão ser identificadas e as correcções necessárias introduzidas de modo a modificar-se o status quo. O objectivo final não é punir quem quer que seja, mas sim ajudar uma instituição de ensino a cumprir a sua missão de forma adequada.

Com este procedimento, o Ministério da Educação poderá assim dispor de avaliações dos alunos, professores, escolas e do próprio país. Com a finalidade de melhorar os parâmetros definidores da educação, o Ministério da Educação será assim capaz de comparar escolas entre si, grupos de escolas e até o país com outros países para aferir o nível da educação nacional no plano internacional.

22.2 Actualização dos Professores

Com o decorrer dos tempos, os professores vão-se naturalmente desactualizando. Alguns dirão que se tem trabalhado para que continuem actualizados, mas o que se tem feito neste sentido não é suficiente. A actualização de professores, para ser real, terá de ser feita continuamente e terá de abranger todos os professores. Esta é uma das maiores preocupações de qualquer país no que respeita à educação. Quanto maior é o número de professores maior e mais intenso é o trabalho de actualização. O processo pode ser dispendioso, mas tudo depende do projecto de reforma a efectuar e da habilidade em o desenhar. Com a explosão da Internet nos últimos anos é possível que Cabo Verde possa vir a beneficiar dum sistema apropriado para ligar os educadores das diferentes ilhas e, bem assim, os educadores acabados de referir com os das comunidades cabo-verdianas espalhadas pelo mundo. Pode-se também criar métodos de ensino apropriados a serem usados com a nova tecnologia.

22.3 Investigação em Educação

Vivemos numa época em que a tecnologia nos apresenta técnicas avançadas para resolver os problemas educacionais. Portanto, não se justifica que hoje tomemos decisões sem o necessário apoio científico. Os educadores precisam de ter, entre outros, conhecimentos de investigação que podem ser utilizados como ferramentas. Deste modo, os professores poderão determinar o progresso dos seus alunos em qualquer altura, o que lhes permite concluir se um dado método de ensino que vêm utilizando deve ou não ser alterado. Os administradores, por seu lado, estarão assim em condições de desenvolver projectos de reforma e determinar os seus impactos.

Além da actualização de professores e avaliação dos alunos, poderíamos acrescentar outras variáveis do processo educativo. Entre elas, salientaremos o curriculum, a gestão da educação e a disciplina. Todas estas variáveis têm um papel importante no processo educativo. Acredito que é imprescindível uma reforma imediata da educação. É claro que não me refiro a certas reformas que não têm passado de palavras no papel. Uma verdadeira reforma da educação pode ser equiparada ao projecto da construção de um edifício que se sabe comportar um certo prazo e um certo custo. O edifício tem que ter certas características definidas no projecto. Do mesmo modo, uma reforma em educação terá de produzir uma educação com certas características definidas no projecto de reforma, num certo prazo e a um certo custo. Se a reforma não produzir os resultados previamente definidos, os alunos e os pais serão prejudicados e o dinheiro do país será desperdiçado.

É importante notar que a urgência e a gravidade da situação implicam que a reforma não deverá ser de alguém ou de um determinado grupo. Ela poderá ser de um grupo de trabalho cujos elementos tenham em comum apenas o interesse em melhorar a educação para um futuro melhor dos jovens e do país.

22.4 Papel da Universidade

Passemos agora a analisar a situação dos alunos ao entrarem na universidade. Grande percentagem dos alunos com acesso à educação superior, vão para os países estrangeiros, frequentar a universidade. Há queixas de que um número crescente de alunos apresentam um nível baixo não sendo difícil de prever que não poderão responder às exigências das cadeiras do primeiro ano da universidade. Estes alunos ficam decepcionados ao verificarem que apesar de terem sido aprovados não vieram do liceu convenientemente preparados.

Pergunto: não haverá outra alternativa para este grande número de estudantes que perdem a esperança logo no início da sua carreira universitária? É necessário que os estudantes tenham a possibilidade de fazer para já os dois primeiros anos da universidade em Cabo Verde (e os quatro primeiros daqui a alguns anos) e que possam completar os estudos no estrangeiro como têm vindo a fazer. Deste modo, haverá necessidade de muito menos bolsas de estudo. No entanto é bom notarmos que Cabo Verde por ser especial necessita duma situação especial. Deste modo não aconselharia uma universidade nos moldes tradicionais para Cabo Verde. Vejo uma universidade dinâmica que vá mudando o curriculum a ser oferecido conforme as necessidades do país e vejo acordos com outras universidades de outros países de modo a podermos receber estudantes doutras universidades e que estas possam receber estudantes Cabo-verdianos num espírito de igualdade e vantagens recíprocas (note-se que o problema da atribuição de bolsas de estudo é substituído pelo de troca de estudantes continuando estes a poder usar as universidades no estrangeiro). Não há, presentemente, necessidade de criar todos os sectores que podem ser oferecidos pela universidade. O que é importante é que tudo o que a universidade ofereça seja de qualidade e actual. A universidade de Cabo Verde deverá criar os meios necessários para que os actuais alunos possam ser bem sucedidos. Para isso, a universidade poderá oferecer, para além do ensino que se destina aos que trazem a preparação mínima requerida, um ensino especial para os outros sem esta preparação mínima. Desta forma, será possível elevar o nível de conhecimento destes alunos, o que lhes permitirá depois passar ao ensino tradicional. A universidade precisará, no entanto, duma independência real que lhe permita experimentar uma variada gama de iniciativas para resolver estes e outros problemas que a educação enfrenta. A independência acabada de referir é importante por permitir a criatividade, elemento crucial para a resolução dos problemas enfrentados.

Os alunos que entram na universidade com preparação deficiente não devem ser considerados casos perdidos mas sim casos especiais. Eles necessitam receber a mesma consideração que os alunos melhor preparados recebem e, como é óbvio, mais atenção. Não devem ser jamais abandonados à sua sorte. A universidade poderá exercer uma acção de grande utilidade ganhando esses alunos de novo para a educação e preparando-os para um futuro mais risonho. Paralelamente, a universidade terá um papel não menos importante, que é o de contribuir para uma autêntica reforma do ensino. Um dos aspectos deste contributo poderá ser o de ajudar na luta para se conseguir um dos objectivos mais importantes da reforma, que é o de evitar que estudantes terminem o liceu com uma preparação deficiente. Há pessoas que podem argumentar, que a universidade não tem nada a ver com a preparação dos alunos no liceu. Mas isto não é assim já que são as universidades que preparam os professores e os administradores das instituições de ensino. São elas que preparam os elementos encarregados da investigação em educação e que participam activamente nas reformas. Não há dúvida, pois, que as universidades e os liceus estão no mesmo bote, navegando nas mesmas águas. Uns e outros são igualmente responsáveis pela qualidade da educação recebida pelos estudantes em qualquer altura dos seus estudos.

22.5 Conclusões

Ao ler de novo o que acabei de escrever e ao considerar as mudanças que foram necessárias fazer na educação em Cabo Verde, os progressos da técnica na educação, a situação actual do ensino, vem-me à mente um discurso do Presidente Reagan no qual, anos atrás, dizia:

> *Se fosse possível a um país impor-nos uma educação igual àquela que temos presentemente, seriamos forçados a declarar-lhe guerra.*

Encontramo-nos numa situação semelhante. O ensino actual terá de encontrar novos caminhos para não prejudicar gerações de estudantes. Se este estado de coisas continuar, muitos alunos abandonarão os seus estudos e outros atrasar-se-ão vários anos. Muitos outros serão considerados erradamente incapazes para o estudo e os prejuízos serão enormes. No entanto, os caminhos da educação nunca têm fim, havendo muitos que conduzem ao bom destino. Os mais velhos e responsáveis terão de encontrar tais caminhos com o pensamento nos filhos, nos netos, noutros jovens do país e no próprio futuro do país.

O momento por que passamos não é de palavras, mas sim de acção. A solução não pode ser adiada, pois a situação vai piorando dia-a-dia. É urgente remediar o mal e fazer voltar o sorriso aos lábios dos jovens.

23. Moçambique, África do Sul

Já estou cansada do frio, da chuva e de Coimbra. Gostaria de mudar algum tempo para outro sítio. Respondi-lhe: estive hoje de manhã com o reitor da Universidade de Lourenço Marques, ele falou-me de novo em ir passar alguns anos em Moçambique numa comissão de serviço. Respondi-lhe que naquele momento não me convinha mas que podia falar com ele de novo. Falamos mais tarde e ficou combinado que seguiria para Moçambique logo que possível...

Estávamos em Coimbra a almoçar quando a minha mulher me disse:

Já estou cansada do frio, da chuva e de Coimbra. Gostaria de mudar algum tempo para outro sítio.

Respondi-lhe:

Estive hoje de manhã com o Doutor Veiga Simão (era o Reitor da Universidade de Lourenço Marques) *e ele falou-me de novo em ir passar alguns anos em Moçambique numa comissão de serviço. Respondi-lhe que neste momento não me convinha mas posso falar com ele de novo.*

Depois do almoço fui falar com o Doutor Veiga Simão e tudo ficou combinado para seguir para Moçambique. No entanto, precisava de obter autorização da Universidade de Coimbra que seria votada pelos professores de Matemática. Falei com alguns professores que não puseram nenhuma objecção mas um deles disse-me:

Não concordo que você vá. Mesmo que a maioria dos professores vote que sim, se você for eu votarei "bola preta" em qualquer concurso que faça.

Respondi-lhe:

Prefiro tomar as suas palavras como brincadeira pois não percebo como é possível alguém fazer uma afirmação dessas antes do concurso se realizar.

Dois meses depois embarquei para Lourenço Marques. Foi uma viagem bastante agradável a bordo de um dos aviões novos da TAP. Interrompemos a viagem em Luanda durante dois dias para estarmos com os nossos cunhados, irmãos e sobrinhos que viviam em Angola. Alguns amigos nossos organizaram uma festa em nossa honra. Foi um tempo bastante agradável em que conhecemos Luanda e alguns arredores apesar da guerra que de ano para ano parecia mais acesa.

Ao chegarmos a Lourenço Marques estavam dois colegas à nossa espera com as esposas. Fomos ao hotel deixar as malas e fui com um deles apresentar-me na Universidade. Fomos depois ver um carro japonês (Daihatsu) que nunca tínhamos visto, mas que compramos. Depois fomos visitar o Clube Militar ficando a ser sócios do clube.

A primeira lição que tivemos é que em África pode-se fazer inúmeras actividades num dia: escolher um hotel, fazer a apresentação na universidade, comprar um automóvel, fazer-se sócio de um clube e ver inúmeros amigos.

Era a primeira vez que íamos ao Continente Africano. Apesar de sermos africanos, as nossas ilhas de Cabo Verde não nos dão a sensação de estarmos naquele gigantesco continente. A língua e a cultura dos empregados eram muito diferentes da nossa. Falavam Landim entre eles que nós não entendíamos. Ficamos encantados com Lourenço Marques cujas ruas faziam lembrar um quadriculado. O mar estendia-se à volta da cidade e as praias eram enormes.

A amplitude das marés era bastante grande e como a costa era baixa, na maré vazia viam-se grandes porções de areia. Na praia viam-se grandes rectângulos a definir "campos de futebol". Os jogadores tinham idades dos 18 aos 50 anos.

Num fim-de-semana aproximei-me de um dos campos de futebol e perguntei se podia jogar. Disseram-me que sim e fui jogar a favor de um dos grupos. Durante os sete anos em que estive em Moçambique era rara a semana em que não ia à praia jogar futebol. Muitas vezes tínhamos de esperar que a maré descesse para termos campo para jogar. Durante este tempo de espera conversávamos acabando por nos conhecermos muito bem. Talvez somássemos uns 30 jogadores (nem todos apareciam sempre) e estavam aí representadas as diferentes culturas de Moçambique, cores da pele, língua, profissões, etc. Quando algum de nós precisava de alguma coisa éramos aconselhados pela pessoa competente.

Um dos meus colegas que era distribuidor de cartas soube que eu tinha jogado nos juniores da Académica de Coimbra de modo que um dia me disse:

Quero que me faça um favor. O Director dos SMAE (Serviços Municipalizados de Água e Electricidade) foi jogador da Académica. Peça-lhe uma entrevista, diga-lhe o que faz, e veja se ele me dá um lugar de caixa que está vago.

Embora conhecesse o director de nome nunca o tinha visto. Disse ao meu colega futebolista que talvez não fosse a pessoa indicada para atingir o que ele queria. Ele respondeu:

Vá e faça como eu lhe digo.

Assim fiz e foi grande a minha surpresa quando ele conseguiu o emprego. Três anos depois de ter saído de Moçambique recebi uma carta deste meu amigo dando-me notícias e falando-me do emprego nos SMAE e de alguns colegas de futebol que ainda estavam em Moçambique.

Outro caso semelhante deu-se com um senhor que um dia bateu à porta. Fui abrir e ele disse-me:

Chamo-me Orlando e vim falar com o Sr. Dr. porque a minha mulher está para ter bebé este mês e nunca foi vista por um médico.

Interrompi-o e disse-lhe:

Deve estar enganado pois eu não sou médico.

Ele respondeu:

Sei que não é médico mas também sei que é a pessoa que me pode arranjar um médico para ver a minha mulher.

Telefonei imediatamente ao Dr. Torres, médico e famoso jogador da Académica de Coimbra. Quando joguei nos juniores ele já era um bom jogador da Académica. A nossa amizade foi-se desenvolvendo com o tempo e ela aumentou quando nos encontramos em Moçambique. Era fim-de-semana mas o Dr. Torres foi logo ao seu consultório para ver a mulher do "meu amigo" Orlando.

Os sete anos em que estive em Moçambique passaram-se e eu já ia de volta para Portugal. Fui à Conservatória do Registo Civil para tratar da transferência das certidões de nascimento de toda a família para Coimbra. Fiz o requerimento e disseram-me que teria de esperar pelo menos dois anos. Quando me retirava notei que um senhor olhava para mim com insistência. Aproximou-se e perguntou se eu era Salazar Ferro. Respondi que sim e ele disse:

> *Sou o Orlando, marido da senhora que estava à espera de bebé e que foi vista pelo Dr. Torres.*

Falamos durante algum tempo e ele perguntou-me o que estava lá a fazer. Expliquei-lhe tudo e perguntou-me o que me tinham dito. Disse-lhe que as certidões seriam enviadas dois a três anos depois. Despedimo-nos julgando que nunca mais o veria.

No mesmo dia à noite ele procurou-me onde eu estava hospedado para me entregar as cópias das quatro certidões. Vim a compreender que ele trabalhava naqueles serviços. Ele preparou-as pessoalmente depois de ter acabado o dia de trabalho. Só saiu dos serviços onde trabalhava quando as certidões ficaram prontas.

Poderia relatar um grande número de casos como este. Sinto grande satisfação quando posso ser útil a qualquer pessoa que necessita dos meus serviços. Como no caso presente desconhecia completamente o senhor e não fazia ideia nenhuma do sítio onde trabalhava. No entanto, tenho reparado que estas mesmas pessoas ou outras com elas relacionadas acabam por me servir quando eu menos espero. Até parece que os muitos favores que recebemos na vida são as respostas, muitas vezes bastante ampliadas, do que fazemos aos outros. Fazemos um favor com uma mão e recebemos a resposta na outra. Faz lembrar um "boomerang" que é atirado e volta de novo.

A maioria dos professores que estavam em Moçambique viera da Universidade de Coimbra de modo que me senti em casa e ambientado desde o primeiro momento. Os alunos eram bastante abertos e a vontade de aprender era grande de modo que foi um prazer trabalhar em Moçambique durante aqueles sete anos.

Os passeios em Lourenço Marques eram enormes e como as ruas ficavam desertas à noite, passeamos com casais amigos e, calmamente, percorríamos os passeios mesmo de carro a ver as lindas montras e podendo cobrir, deste modo, grandes distâncias.

Em Lourenço Marques, pela primeira vez, vivemos no gigantesco, misterioso e grandioso continente africano, numa cidade bastante bonita, com um estilo de vida completamente diferente e uma universidade jovem a palpitar.

Na universidade tudo era diferente: os alunos, os professores, os edifícios, os programas, os reitores e os vice reitores dinâmicos e cheios de boa vontade. O desejo de fazer bom trabalho era grande.

As visitas de personagens do Governo - central eram constantes e quando aconteciam havia, em geral, uma recepção no Governo - geral e uma outra oferecida pela universidade. As pessoas encontravam-se portanto constantemente.

Nas férias ia-se sempre à vizinha África do Sul. O país é bastante lindo, as compras bastante apreciadas por todos, especialmente pelas senhoras.

Embora todos se sentissem seguros tanto em Moçambique como na África do Sul, eu particularmente sentia que havia qualquer coisa de artificial que não me permitia estar completamente feliz. Sempre circulei por toda a parte em completa liberdade mas via que a vida não era normal. No entanto, era novo em África e pensava que não estava a ver bem as coisas.

Na África do Sul visitamos o Kruger Park com os animais selvagens vivendo no seu ambiente natural e podendo ser vistos diariamente. O facto do homem aparecer aqui a viver tão perto dos animais selvagens parece tão natural que tem sido fatal para muitos. Numa certa ocasião um turista não apareceu num determinado ponto onde os guardas verificavam os nomes e as matriculas dos carros. Partiram imediatamente à procura dele e pelas pegadas puderam reconstituir tudo o que se tinha passado: O carro avariou-se e ele, em vez de se conservar dentro do carro, abandonou-o e tentou chegar ao acampamento mais próximo. Viam-se as pegadas dum animal que estava numa árvore e que saltou para o chão e depois as pegadas em perseguição do turista. Pôde-se ver também que ele tentou fugir mas sem sucesso.

No dia em que chegamos a Moçambique pela primeira vez ficamos impressionados ao ler a descrição da aventura dum turista que parou para observar uma manada de elefantes. Tudo correu bem até ao momento em que um elefante bebé se aproximou do automóvel e encostou a tromba no tubo de escape. Urrou de dor causando o ataque ao automóvel pelos elefantes adultos. Ele foi virado e pisado até que por sorte apareceu um segundo automóvel. O condutor inadvertidamente pôs a mão na buzina. Os elefantes afastaram-se por algum tempo permitindo aos ocupantes do primeiro automóvel sair pelas janelas partidas e ser recolhidos pelo segundo que fugiu imediatamente.

Passamos o nosso primeiro Natal em África no Kruger Park. Pudemos passar um dia de Natal no hotel que aí existia. À noite podia-se ouvir, na segurança do hotel, os urros dos animais selvagens muito próximos de nós.

Durante o dia íamos de acampamento em acampamento ver os animais selvagens. Numa certa altura a minha mulher vinha a conduzir e vimos elefantes aproximando-se na nossa direcção. A aventura dos elefantes a pisarem o automóvel nunca me saiu da cabeça de modo que lhe disse que não parasse de modo a que os elefantes pudessem passar na direcção da traseira. Ela pôs-se a rir encantada com a hipótese de ver os elefantes mesmo aí pertinho e parou. A certa altura os inúmeros elefantes passavam à nossa frente e atrás de nós, alguns mexendo as grandes orelhas ameaçadoramente. Escusado dizer que apanhei um grande susto.

Tivemos ocasião de visitar as enormes e bem recheadas lojas da África do Sul e tudo a preços que comparados com os que estávamos habituados a pagar nos pareciam extraordinariamente baratos. Numa das nossas deslocações tivemos oportunidade de subir uma montanha com uma vista maravilhosa e no planalto atravessamos uma floresta com árvores gigantes e lindas. Entretanto, começou repentinamente um temporal. Encostamos o carro na berma da estrada mas não nos sentíamos seguros com as rajadas de vento fortíssimas acompanhadas de bastante chuva. Depois tudo serenou repentinamente como tinha começado. A chuva parou e o Sol voltou dando a impressão de que a paisagem era ainda mais bonita.

Joanesburgo era uma cidade com uma actividade bastante grande. Impressionou-nos o facto de às cinco horas da tarde a cidade ficar deserta. Pouco tempo depois só a minha mulher, o nosso filho e eu percorríamos as montras da cidade. Pelo ar espantado dos guardas das lojas, compreendemos o perigoso que se tornava esta prática tão comum em Lourenço Marques e refugiamo-nos imediatamente no hotel.

Depois de estarmos alguns anos em Moçambique tivemos a oportunidade de participar numa conferência que teve lugar no luxuoso paquete Príncipe Perfeito navegando na costa. Como parte da conferência visitamos o parque da Gorongosa muito semelhante ao Kruger Park mas muito mais selvagem, portanto muito mais próximo da realidade.

Também visitamos a Ilha de Moçambique, uma pequena ilha tendo à volta de 400 metros de largura máxima e 1000 metros de comprimento. A ilha mostrava-se dividida em três partes: uma europeia numa das extremidades, uma indiana no centro e uma terceira africana na outra extremidade. As casas, as pessoas, as línguas, os vestuários, etc., eram diferentes nas três zonas.

A bordo, em conversa com o reitor duma universidade brasileira, disse-lhe:

> *Admiro o Brasil principalmente pela ausência de racismo.*

Ele respondeu:

> *Está enganado. O único local que conheço em que se pode fazer esta afirmação é nas ilhas de Cabo Verde.*

Fiquei satisfeito e surpreendido e disse-lhe que era cabo-verdiano. Fiquei a pensar que gostaria que o que ele me disse fosse inteiramente verdade.

Se a minha mulher não tivesse estado doente em Moçambique diria que passei aí os melhores anos da minha vida. Encontrei velhos amigos. Os transportes diários reduziam-se a um máximo de 15 minutos e o tempo podia ser aproveitado para as pessoas fazerem os seus afazeres e conviverem. As praias eram enormes e estendiam-se à volta da cidade. As vistas do mar eram soberbas.

Tive ocasião de fazer vários passeios com os estudantes da universidade. Num deles passamos alguns dias no Xai-Xai num local onde o mar entrava por uma pequena abertura formando uma grande área onde se praticava natação. Noutra ocasião fomos à Ponta do Ouro que faz a fronteira mais a Sul com a África do Sul. O local é deserto e bastante bonito. Numa terceira acompanhei os estudantes de Moçambique que representavam a universidade num campeonato de basquetebol que se realizou em Portugal. A Universidade de Lourenço Marques sagrou-se campeã. Além dessas houve várias outras saídas pois havia tempo para tudo. Finalmente, relato mais uma em que a minha mulher e eu, a convite da universidade, fomos acompanhar o Doutor Braga da Cruz e a filha, a uma ilha que fica à entrada da grande baía de Lourenço Marques. Fomos numa avioneta tendo o voo demorado à volta de meia hora. A avioneta antes de aterrar teve que sobrevoar a pista para afugentar as vacas que aí estavam a pastar e só aterrou na segunda aproximação. A ilha tinha um óptimo hotel e o almoço era servido ao ar livre em mesas enormes. A casa do administrador ficava relativamente próxima e, segundo me disseram, era um cabo-verdiano. Tentamos encontrar-nos com ele mas estava ausente em Lourenço Marques.

Os estudantes participavam da vida da universidade nova. Podia-se ver a maneira responsável como encaravam a vida académica e tornava-se simples ensinar tais estudantes. As matérias ensinadas tinham bom nível e os alunos correspondiam perfeitamente.

O tempo disponível para investigação era grande e assim pude preparar os meus trabalhos para o concurso de professor extraordinário que foi realizado em Coimbra. Constava de duas lições e duma discussão dos trabalhos publicados. O júri era formado por professores das Universidades de Coimbra, Lisboa e Porto. Com uma antecedência de 30 dias foi tornado público um conjunto de 12 pontos sobre diferentes assuntos de matemática (mecânica racional, astronomia, mecânica celeste, geodesia, etc.). Com 48 horas de antecedência tirava uma bola de um saco com os números 1 a 12. Ao fim daquele tempo dava uma lição, sobre o assunto correspondente ao número tirado à sorte, que era discutida publicamente. O elemento do júri que tinha proposto o assunto discutia a lição com o candidato.

A minha comissão de serviço de sete anos em Moçambique passou-se bastante depressa e eu sabia que ao fim da mesma a Universidade de Coimbra me daria a alternativa de voltar ou ficar a pertencer à Universidade de Lourenço Marques. Não tinha nada decidido neste aspecto pois tinha gratas recordações de Coimbra e Lourenço Marques. Acabei por optar por Coimbra como está descrito noutra secção deste livro. Felizmente esta decisão poupou à minha família e a mim não viver as violências que aconteceram em Lourenço

Marques entre o 25 de Abril de 1977 e a independência. Os docentes que estavam na Universidade de Lourenço Marques acabaram por regressar a Portugal.

A amizade entre os docentes era visível e a entreajuda estava sempre presente. A passagem por Moçambique nunca será esquecida.

Ganhava-se razoavelmente mas no meu caso o balanço monetário foi negativo. Ficamos tão entusiasmados com Moçambique que tudo o que tínhamos ganho nos anos anteriores em Portugal foi transferido para Moçambique para comprarmos um apartamento num nono andar com vista sobre toda a cidade e sobre o mar.

Mais tarde o apartamento foi vendido e o dinheiro aplicado na compra duma moradia, dois anos antes do 25 de Abril. Quando voltamos para Portugal as casas foram nacionalizadas e ficamos sem dinheiro e sem casa. Nunca nenhum elemento da família lamentou tal facto. A matéria perdeu-se mas as inúmeras experiências de sete anos inolvidáveis ficaram connosco para sempre. Recordamos com saudades as pessoas e os lugares. Se fosse possível rodaríamos de novo a película da vida.

24. Recado da Mãe terra

Pela terceira vez visito a Ilha de Santiago. O farol ao pé da Prainha atrai-me e para aí me dirijo. Não me canso de ver as ondas a bater nas rochas. O tempo vai passando e a certo momento passo a falar com a Mãe-terra...

Pela terceira vez visito a Ilha de Santiago. O farol ao pé da Prainha atrai-me e para aí me dirijo. Não me canso de ver as ondas a bater nas rochas. O tempo vai passando e a certo momento passo a falar com a Mãe terra:

> *Muito se fala de ti. E sempre com muito amor e muita emoção. Os teus filhos gostam muito da sua mãe.*
>
> *Se os meus filhos gostam de mim porque me fazem de lixeira?*

Olhei e senti pena que um lugar tão bonito que convidava a sonhar, estivesse tão emporcalhado. Atrás do muro viam-se latas vazias de cerveja e laranjada, garrafas partidas, cascas de frutas, restos de lagostas e camarões, papéis sujos e sinais do local ter sido usado como casa de banho várias vezes.

> *Olha à tua volta*

disse-me a Mãe terra.

> *Esta é a maneira como os meus filhos me estão a tratar. O que viste aqui poderá ser visto atrás de qualquer muro. É geral. Não há respeito por mim nem por ninguém. O lixo é atirado sem conta desde que haja uma parede para o esconder.*

Recordo-me que ao caminhar para o *Restaurante Poeta* olhei para atrás do muro e vi um montão de lixo. O mesmo sucede na rua que vai do *Hotel Marisol* ao *Hotel Praia Mar.* Não há excepções. A Mãe terra continua a queixar-se:

> *Sinto-me transformada numa lixeira. É deste modo que os meus filhos gostam de mim? E o pior é que não vêem que isto tudo joga contra eles. As moscas que enchem estas lixeiras são as mesmas que entram nas casas, nos restaurantes, nos mercados, em toda a parte. Pousam na carne, no peixe e nas frutas. Vão infectando tudo e as diarreias não têm fim, vindo a morrer muitas crianças.*

Recordo-me de haver uma médica que tem procurado trabalhar com a população para resolver o problema mas isto só resultaria se a população passasse a limpar em vez de sujar. Enquanto falávamos fui fazendo uma bola de papel que tinha nas mãos e distraidamente ia atirar fora. Ainda tive tempo de parar e sorrindo disse:

> *Vês, não é por mal. É força do hábito. No que me diz respeito vou ser cuidadoso e passar o recado. Quem quiser cantar "Nha terra bô ca ta imaginá" sem peso na consciência terá que te tratar como mãe e, portanto, não te emporcalhar.*
>
> *Já que pensas passar o recado porque não sugeres ao governo que crie uma lei que exija a cada pessoa que constrói uma casa que tire para fora os restos dos materiais de construção que ficam à volta, às vezes, durante anos? As frontarias das casas deveriam também ser embelezadas. Olha que os próprios donos atiram água suja para a rua em frente das suas casas atraindo as moscas que vão infectar a comida que a família vai comer.*
>
> *Realmente Mãe-terra vejo que tens toda a razão e para te falar com franqueza sinto-me envergonhado deste pequeno pormenor da nossa cultura.*
>
> *O que está errado corrige-se. A cultura muda. A educação tem que desempenhar o seu papel. Os meus filhos têm que marchar na direcção certa.*

Pus-me a pensar em como dar o recado. Sinto que é uma obrigação que não posso deixar para mais tarde. Penso nas visitas que fiz durante uma semana ao hospital central da Praia, ao hospital regional de Santa Catarina e aos postos médicos de S. Domingos, Tarrafal e tantos outros. Vejo o esforço dos médicos e enfermeiros muito além do que se pode exigir a qualquer pessoa. Recordo-me com um sorriso de gratidão de tantos estrangeiros que estão dando a sua ajuda a Cabo Verde: um alemão cheio de boa vontade e sonhando com um futuro melhor no pavilhão novo de obstetrícia do hospital da Praia, uma russa com um sorriso a cuidar dos nossos doentes no mesmo hospital, uma jovem cubana a ver mais de 100 doentes por dia no Centro Médico de Santa Catarina e muitos outros.

Porém, a navegar contra a maré, as moscas a voar por toda a parte incluindo os nossos centros de saúde. Vêm das lixeiras criadas pelos nossos próprios irmãos e vêm infectar tudo. Vi uma criança à volta de 3 anos ainda ensaguentada duma queda. Tinha uma rede a cobrir a sua cama. As moscas voavam à volta da cama talvez atraídas pelo cheiro do sangue. Ela inocentemente tirava a rede e as moscas avançavam rapidamente. A rede era colocada de novo para a proteger e a cena ia-se repetindo vezes sem conta.

Em qualquer destes centros de saúde vimos muitas dezenas de pessoas a esperar. Os médicos e enfermeiros procuravam satisfazer a todos. Tanta gente a necessitar de serviços médicos e tanta mosca à volta a aborrecer, a infectar. Quando der o recado vou fazer uma proposta: tornar os centros de saúde as casas mais limpas da nossa terra e sem moscas. Torná-las locais de espera agradáveis. Afinal pertencem a todos nós. Cada comunidade pode fazer este trabalho com um mínimo de esforço e de sacrifício.

E já a sonhar vejo um grupo de jovens a tomar a responsabilidade de pôr redes em todas as janelas e portas. O material foi oferecido pela comunidade. O que é necessário é apenas um caixilho. Como por encanto as moscas já não podem entrar. Também o centro foi pintado e o chão está a brilhar. As serventes sentem agora gosto em limpar. O centro já não cheira a hospital. Os produtos de limpeza venceram.

Os médicos e enfermeiros estão a trabalhar mais satisfeitos. Atrás das paredes já não há lixo. Os meninos estão proibidos de sujar pelas próprias famílias.

Os jovens nas escolas discutem a prevenção das doenças. A diarreia como por encanto quase que desapareceu e a médica tem um sorriso nos lábios ao ver que o seu trabalho não foi em vão.

Um estrangeiro do “Peace Corps” dirige-se para a povoação. Precisa de um curativo. Feriu-se num joelho e quer saber onde fica o centro de saúde. Respondem-lhe:

> *Não se enganará. É a casa pintada de fresco com jardim à volta e muitas pessoas sentadas a conversar. Sabe, no nosso país os centros de saúde são as casas mais bonitas e mais limpas das povoações. Os jovens decidiram tomar conta delas e o resultado é visível.*

Ao longe oiço o som dum violão e alguém canta:

Nha terra bô ca ta imaginá

Tenho que deixar o sonho para mais tarde. Tenho que ir dar o recado...

25. Como Vi o Ensino nos EUA há 40 Anos

Tenho estado em permanente contacto com o ensino, primeiro como estudante e, a seguir, como professor. É natural, portanto, que ao chegar aos EUA, os problemas do ensino me tenham interessado mais do que quaisquer outros e, em certos casos, me tenham despertado particular atenção, pelo contraste que apresentam com o ensino em Portugal e outros países de língua portuguesa que conheci.

Tenho estado em permanente contacto com o ensino, primeiro como estudante e, a seguir, como professor. É natural, portanto, que ao chegar aos EUA, os problemas do ensino me tenham interessado mais do que quaisquer outros e, em certos casos, me tenham despertado particular atenção, pelo contraste que apresenta com o ensino em Portugal e noutros países de língua portuguesa que conheci.

O que se segue foi escrito e publicado há 35 anos. Um professor criticou o meu artigo escrevendo:

> *Você pensa deste modo porque acaba de chegar. Quando passar alguns anos nos EUA pensara de modo muito diferente.*

Durante esses 35 anos estive sempre ligado a educação e facto curioso é que continuo a pensar do mesmo modo. Naquela altura escrevi:

> *O meu objectivo, neste artigo, e focar alguns contrastes entre o ensino em Português, que os estudantes conheceram nos seus países de origem, e o ensino no programa bilingue que vieram a ter na América* (ou ensino monolingue como continuação lógica do ensino bilingue).

25.1 Os meus Primeiros Contactos com o Ensino Bilingue

Soube da existência do ensino bilingue, após a minha chegada aos EUA. Algumas das pessoas com quem falei, umas que já cá vivem há muitos anos, e outras aqui nascidas, disseram-me não haver nenhum interesse na existência do ensino bilingue, deixando-me a impressão de que seria mesmo prejudicial a quem o seguisse. Em face dessas informações, não tive a menor hesitação em colocar o meu filho mais novo no curso monolingue (Inglês), o que lhe valeu o atraso de alguns meses na sua educação. Hoje, porém, consciente do erro cometido e após rever toda a situação, fico surpreendido e pergunto-me como é possível, a tanta gente, estar segura de tantas coisas erradas. A única explicação possível é a falta de informação.

A experiência, depois adquirida, permitiria, no entanto, constatar um pormenor bastante interessante: alguns professores dos cursos monolingues não concordam com o ensino bilingue. Por outro lado, como a lei permite aos pais a livre escolha do programa de ensino para os seus filhos, poderão escolher entre o ensino monolingue e o bilingue. Se optarem pelo primeiro, os professores logo depararão com crianças cujos conhecimentos de Inglês são nulos ou quase nulos. Por isso, com o correr do tempo, não será difícil constatar-se que o professor, não fala nem consegue entender a língua da criança, acabe por a colocar de parte, embora tenha dito antes que não concordava com o ensino bilingue. Os pais acabarão, também, por compreender os factos, não lhes restando outra alternativa senão transferir os educandos para o ensino bilingue. Isto significa que a liberdade de escolha e enganadora.

Comecei, no entanto, a frequentar as reuniões dos pais (PAC), as quais me permitiram ir-me integrando dos problemas e objectivos do ensino bilingue.

25.2 Como vi o Ensino Bilingue, depois de um Ano de Permanência nos EUA

É interessante notar que poucas pessoas da comunidade são indiferentes ao ensino bilingue. Em geral, ou são fortemente contra ou fortemente a favor. A maior parte delas, porém, não se encontrando suficientemente informada, não faz a mais pálida ideia dos métodos nem dos objectivos do ensino bilingue. E, muitas vezes, são estas as únicas pessoas que aconselham as que chegam.

Antes da existência do ensino bilingue, os estudantes chegados aos EUA, vindos de outros países, tinham de assistir as aulas nas classes monolingues. Como todas as cadeiras eram ministradas em Inglês, a maioria não entendia absolutamente nada do que se passava nas aulas de Matemática, Ciências, ou qualquer outra. O choque e a frustração que se seguiam eram inevitáveis. No entanto, para iniciarem o estudo do Inglês, tornava-se forçoso terem como colegas crianças de sete anos de idade que também começavam a aprender, o que, como consequência, os fazia desinteressar-se do estudo. Os anos iam passando verificando-se que os estudantes que entrassem na escola com 13, 14 ou 15 anos, convencendo-se de que lhes seria impossível compreender as matérias, por serem ministradas em Inglês, que não entendiam, acabavam por desistir. Completando os 16 anos empregavam-se e, mesmo recebendo o salário mínimo, para aquela idade representava uma pequena fortuna, o que dava como resultado imediato abandonarem de vez os estudos, convencidos de que deles já não precisavam.

São inúmeros os emigrantes que não estudaram devido ao facto acabado de apontar. Pela vida fora ficaram sujeitos a todos os inconvenientes que uma preparação deficiente acarreta. Outros, mais persistentes, quando aprendessem o Inglês, recomeçavam os seus estudos, mas quantos, só passados mais de uma dezena de anos? Ainda se encontram muitos procurando melhorar a sua educação mas agora à custa de quantos sacrifícios?

A criação do ensino bilingue veio acabar com os problemas expostos, permitindo ao jovem que chega, continuar os estudos que vinha fazendo na sua língua nativa, com introdução progressiva do Inglês. Ao fim de três anos, em geral já fluente nesse idioma, poderá continuar os seus estudos nos cursos americanos. Deste modo evitam-se não só a descontinuidade na educação do jovem como também o choque e a frustração, antes inevitáveis.

Para o cabo-verdiano, em particular, representa ainda uma vantagem bastante grande, a aprendizagem em Crioulo. No primeiro ano em que cheguei à América, ensinei num liceu. Os meus alunos eram quase todos cabo-verdianos. Os alunos podiam, em qualquer ocasião, expressar-se ou escrever em Inglês, Cabo-verdiano ou Português, O estudante podia, deste modo, escolher a língua em que tinha maior facilidade em expor a matéria em questão. Reparei que a preferência variava conforme a índole da cadeira ou conforme o aluno pretendesse falar ou escrever. É natural que pareça estranha uma liberdade tão grande na escolha da língua mas repare-se, por exemplo, que numa classe de 20 alunos alguns sabem um pouco de Inglês; outros estão a iniciar a aprendizagem dessa língua; muitos compreendem o Português mas a maioria apresenta dificuldades principalmente a escrever, havendo alguns que se recusam a escrevê-lo; e, finalmente, todos, são fluentes em Crioulo mas não o escrevem.

Em face disso, qual será a maneira de se saber se os alunos compreenderam uma lição ou se estão preparados num assunto respeitante a Geografia, Física ou a Matemática? A solução que adoptei foi permitir-lhes o uso indiscriminado das três línguas, tanto oral como escrita. Sob o ponto de vista linguístico estará certo? E possível que não. No entanto, para os objectivos do ensino bilingue, estou convencido de que o caminho está correcto. O aluno nunca se sente inibido ao expressar as suas ideias, o que não sucederia se fosse exigida uma só das três línguas. Aliás é curioso notar que todos querem ter a palavra. Sente-se o progresso de dia para dia.

25.3 Elenco das Cadeiras nos Países de Língua Portuguesa

Depois da revolução de 25 de Abril de 1974, que depusera o governo vigente, alguns princípios, considerados sagrados e intocáveis durante muitos anos, foram completamente banidos dum dia para o outro. Como é característico dum período revolucionário, os partidários das rápidas mudanças, pura e simplesmente, impuseram a sua nova filosofia. Devido a rapidez e amplitude das alterações levadas a efeito, muitas das quais em um período calmo seriam úteis, foram mais tarde invalidadas. Não é de estranhar, portanto, que depois de Abril de 1974, muitas pequenas reformas tenham feito reviver outras que pouco antes haviam sido invalidadas.

No Ensino Superior e Elementar, houve algumas alterações profundas, principalmente no primeiro. No Ensino Secundário, as alterações foram muito menores.

Os alunos do programa bilingue que escolherem as cadeiras que já tinham nos seus países de origem, têm nelas, a maior parte das vezes, uma vivência tão grande que, com pouco esforço fora das aulas, conseguem ser bons alunos. Por esta razão, ouve-se dizer com frequência que certos alunos, que eram medíocres e não gostavam de estudar, ao chegarem aos EUA se tornaram alunos excelentes. A maior parte das vezes é um engano: o que sucede é que estes alunos estão a estudar matérias que já ouviram várias vezes, e, logicamente, sobressaem em relação aos outros que estudam o assunto pela primeira vez. Este facto pode, no entanto, ter um aspecto prejudicial para os alunos que se convencem de que poderão continuar a ser bons estudantes ouvindo apenas o que se passa nas aulas. Mais tarde, ao prosseguirem os estudos com matérias novas ou ao ingressarem na universidade, ressentem-se deste estado de coisas, como é natural.

25.4 O Tamanho dos Edifícios Escolares, as Aulas de Estudo e a Disciplina

O tamanho dos edifícios escolares e a disciplina estão interligados. Vou-me referir a um conjunto de edifícios formando uma grande escola que conheci com bastante pormenor, antes de vir trabalhar nas Escolas Públicas de Boston, e que mostra muito bem a verdade da afirmação acima referida.

O edifício tem quatro casas, com um coro central. Há inúmeras portas de ligação que permitem aos alunos passar de casa para casa ou de andar para andar.

Durante o dia, muitos estudantes têm aulas de estudo, as quais, deviam ser utilizadas para fazerem os trabalhos passados pelo professor ou estudarem. Na realidade, porem, só uma pequena e insignificante percentagem de estudantes usa as aulas de estudo com esta finalidade, pois, normalmente, o que se verifica e que esses períodos são usados unicamente para conversar pela maioria enquanto que outros pedem autorização para ir aos quartos de banho ou aos armários individuais que lhes são destinados para guardarem os livros e os casacos. Podendo o professor recusar o segundo pedido, mas não podendo nunca recusar o primeiro, muitos estudantes se aproveitam desta autorização e vão passear, sem necessidade pelos corredores, fazendo toda a casta de barulho e incomodando os outros estudantes nas suas aulas. Estes, chamados de fora, acabam também por pedir autorização para saírem, indo encontrar-se com os colegas.

Em virtude desta situação intolerável, para se obter silêncio e haver melhor clima de trabalho, a administração distribui aos professores tempos para estarem nos corredores verificando os passes dos alunos. Os que têm passe poderão circular; ao passo que os outros, por não estarem autorizados, fogem da área onde está o professor. Os que forem apanhados, em geral nas escadas ou ao virar um corredor, são levados a presença dos administrados (vice-reitor) da casa em questão. Nessas ocasiões, muitas vezes o professor é insultado ou ameaçado de estragos no seu carro, ameaça que frequentemente se concretiza.

O grande número de estudantes nos corredores permite, com a maior das facilidades, a penetração de pessoas estranhas no edifício, devido ao facto de todas as portas se abrirem para fora para a defesa em caso de incêndio. O estudante legal transfere o seu passe para o ilegal. Se for apanhado, entretanto, justifica-se facilmente dizendo que o perdeu. Entretanto essas pessoas estranhas ficam com o campo livre para as suas actividades escuras.

Em conclusão, em complexos tão grandes, as aulas de estudo se tornam desnecessárias porquanto apenas criam indisciplina.

As escolas donde provém os alunos de língua portuguesa, na sua grande percentagem, têm um número de alunos bastante pequeno. Deste modo, os alunos e os professores conhecem-se bem, o que lhes permite estabelecer, entre si, boas relações de amizade. Basta a presença do professor para que os vigilantes não sejam necessários. Neste caso, o professor é dignificado ao passo que, no caso há pouco referido, acontece precisamente o contrário.

No caso da escola ter uma população muito grande, alguns alunos aproveitam o facto de serem incógnitos para reagirem de forma anormal, criando inúmeros problemas disciplinares.

Os alunos do programa bilingue depressa passam a ter a psicologia da "multidão". Não estranho o facto, pois tenho visto grupos de pessoas muito respeitáveis, de procedimento irrepreensível, quando isoladas, em grandes grupos, comportam-se como crianças, De qualquer maneira, o procedimento dos alunos do bilingue Português Cabo-verdiano/ Inglês, comparado com a média e louvável.

25.5 Madison Park High School

Vou-me referir com certo pormenor a um liceu de Boston para servir de exemplo ao sistema que os estudantes bilingues encontram.

Madison Park High School é o mais novo e moderno Liceu de Boston. Os seus seis edifícios com terraços, lojas, campos de ténis e campos de jogos ocupam uma superfície bastante grande. Nos dois edifícios académicos podemos encontrar salas de aula, biblioteca, centro de comunicação (jornal, rádio, televisão), centro de ocupação educacional, vários refeitórios e um teatro. Os outros edifícios têm laboratórios, departamento de música, salas para arte e industria, vários ginásios e piscinas.

Embora seja um grande edifício, os inconvenientes de "multidão" antes referidos, foram amenizados numa proporção bastante grande. Não existem as malfadadas e inúteis aulas de estudo e os alunos não passeiam pelos corredores. Logo que começa cada período de aula, as portas de comunicação são fechadas, podendo por elas passar apenas os alunos com um passe assinado pelo professor explicando o destino do aluno. Mesmo os quartos de banho são fechados e os alunos só os podem utilizar desde que tragam também uma autorização escrita pelo professor.

O elenco das cadeiras da ideia das centenas de combinações possíveis de que os estudantes bilingues passam, repentinamente, a dispor.

Os professores substitutos formam outra peça da máquina educativa que os estudantes bilingues de língua portuguesa encontram pela primeira vez na América.

Seria desejável a utilização dos professores substitutos? Os professores substitutos não deviam existir a não ser na educação de adultos (normalmente em aulas nocturnas) ou em ausência prolongadas dos professores efectivos. Na realidade, o substituto é mal recebido pelos alunos e com total desinteresse para a sua exposição. Procuram transformar a aula em brincadeira. Por outro lado, a maior parte das vezes a especialidade do professor substituto não coincide com a do professor efectivo e, então, a aula é transformada em aula de estudo. Mais uma a somar as outras e consequente aumento nos corredores da população dos que nada fazem e procuram levar os que fazem alguma coisa a não fazer nada também.

Em ausências prolongadas, já se justificaria um professor substituto, mas experiente na área em questão. Pelo facto de não ser professor apenas por umas horas e ser especialista, seria recebido pelos alunos de maneira muito diferente.

25.6 Conselheiro

Os estudantes de Língua Portuguesa não têm conselheiros nos seus diferentes países de origem. No sistema escolar dos EUA, a sua existência é imprescindível. Note-se, no entanto, que o conselheiro pode ser bastante prejudicial aos estudantes bilingues se ele não estiver devidamente elucidado no que diz respeito a certos pormenores da comunidade a que pertencem esses alunos. No caso particular dos estudantes do programa bilingue Português, Cabo-verdiano / Inglês, vejamos o que sucede:

É dado aos pais grandes poderes de decisão dos estudos a serem feitos pelos filhos. Sucede, porem, que é de tradição os pais pensarem que os professores fazem sempre o que melhor convém aos filhos. Sendo assim, dão carta branca aos educadores para exercerem as suas funções (no caso do bilingue aos professores e ao conselheiro, mas, muitas vezes, apenas ao conselheiro).

Se o conselheiro estiver devidamente informado da maneira de ser dos pais, fica com uma responsabilidade muito grande, pois, se permitir aos alunos a definição dos respectivos curriculum e, mais tarde, a livre troca das cadeiras, torna-se único responsável pelo grande número de graduados no liceu que fica sem preparação para continuar os estudos ou para exercer qualquer actividade que não sejam aquelas que podem ser exercidas por pessoas que não tem estudos nenhuns.

Os pais deviam, portanto, ser devidamente elucidados de que podem desempenhar um papel bastante importante na educação escolar dos filhos e, em particular, na definição das matérias a estudar. Deve ser-lhes dado conhecimento da grande diversidade de opções que está à disposição dos filhos, de modo a que estes possam desenvolver convenientemente as suas aptidões.

No caso dos que aparentemente se desinteressam, o papel de pai devia ser desempenhado pelo conselheiro, pois o desinteresse acabado de referir, como já dissemos atrás, não existe na realidade. Alguns pais, uns por não terem estudado e outros por conhecerem a finalidade do conselheiro, pensam que este desempenhara melhor as suas funções sem a sombra perturbadora dos pais. Em conclusão, o conselheiro tem que ter esses factos bem presentes.

Os pais devem ser informados da realidade que a lei lhes confere, ou os educadores terão de ser dignos da confiança que neles se deposita. Tem-se de evitar o ciclo vicioso da escola não se preocupar com certos problemas dos alunos, pensando que os pais os resolverão convenientemente; e os pais a não se preocuparem com os mesmos problemas, por pensarem que é da escola que sairão as melhores soluções. Entretanto, os principais prejudicados vão sendo os filhos, que acabam por decidir eles próprios, com a agravante da grande percentagem tender ir para o oportunismo e facilitismo que, por consequência, gera não só um diploma que nada vale e, também, mais tarde, uma vida profissional bastante difícil.

25.7 O Problema da Definição do Nível Inicial do Estudante Bilingue

Os estudantes são colocados em níveis proporcionais às suas idades. Este critério tem sido bastante nocivo para muitos estudantes. Alguns, pelos estudos feitos nos seus países, deviam ser colocados no grau 7, por exemplo, mas, pela idade, são colocados no grau 10. Tanto os alunos como os pais ficam, inicialmente, bastante satisfeitos com o facto. No entanto, é sol de pouca dura, pois colocar o aluno naquele nível, é comparável a ter-se uma casa apenas com o primeiro andar construído e pretender-se prosseguir a construção, saltando-se para o quarto andar. É evidente que este andar não se seguraria, em geral, e quando se segurasse não permitiria a construção de mais nenhum andar. Quando caísse, apresentaria a agravante de danificar o andar já construído. É precisamente esta a imagem do que acontece com esses alunos. Convencem-se de que são intelectualmente deficientes e como as suas idades lhes permite arranjar emprego, acabam por desistir dos estudos. A causa deste facto é não se ter estudado o aluno convenientemente de forma a colocá-lo no grau correcto.

Não nos podemos esquecer, no entanto, que os alunos de 15 ou 16 anos, por exemplo, que tivessem de começar ao nível do Ensino Preparatório, iriam ter colegas muito mais novos. Tinha-se, portanto, de fazer um arranjo especial de modo a evitar esta situação que seria prejudicial para todos eles.

25.8 O Nível de Aprendizagem nas Escolas Secundárias Públicas

Comparando o nível de aprendizagem dos estudantes nas escolas públicas americanas com as dos países de língua portuguesa, os países europeus ou da América latina, que são os que conheço com um certo pormenor, chego a conclusão de que, em estudantes da mesma idade, a preparação dos estudantes nos EUA e inferior à dos segundos. A meu ver, uma das causas do facto acabado de referir reside, em primeiro lugar, na total liberdade de escolha de cadeiras que existe nas escolas públicas americanas e, em segundo lugar, na facilidade de trocar cadeiras ao longo do ano. Parece-me que a preparação melhoraria imenso se fosse oferecida aos estudantes não um grande lote de cadeiras isoladas mas sim conjuntos de cadeiras para a preparação dos alunos para uma determinada carreira académica ou profissional.

O estudante poderia escolher um grupo, mas escolhido este, ficaria obrigado às cadeiras pertencentes ao grupo, assim como ao seu arranjo ao longo do tempo, podendo haver opções em maior ou menor número. Esta situação tem a vantagem de não permitir ao aluno estar constantemente a trocar cadeiras, muitas vezes à procura daquela que dá menos trabalho. Outras vezes, em vez dos alunos se esforçarem e deste modo dominar a matéria, preferem resolver as dificuldades pondo a matéria de lado e experimentar outra.

A minha actividade académica e profissional, desde os 17 anos de idade, tem sido sempre à volta da matemática, mas, se tivesse tido, quando estudante, o sistema que acabo de referir, com a idade de 13 anos teria deixado de estudar matemática, pois foi a cadeira que me deu problemas naquela altura. Hoje em dia seria considerado uma negação, em matemática, e certamente nem saberia resolver uma inequação do primeiro grau.

As razões das trocas podem ser as mais diversas: não gostar da cara do professor ou este não deixar brincar na aula, a cadeira exigir bastante trabalho, etc. Num abrir e fechar de olhos a cadeira pode ser trocada por outra que julgam não ter os inconvenientes da anterior.

O sistema é, portanto, uma faca de dois gumes: permite uma liberdade imensa na escolha inicial das matérias e alteração durante o ano, mas, por outro lado, permite o oportunismo dos que querem o caminho mais curto à custa duma preparação deficiente. O sistema, por permitir a "lei do menor esforço", faz com que fique adormecido o acréscimo de força que, nessas idades jovens, seria suficiente para florir um génio ou deixá-lo para sempre na escuridão. Infelizmente os alunos bilingues habituam-se muito depressa às trocas.

Ainda em relação com o exposto, parece-me que os programas deviam ser graduados de acordo com a idade. Não consigo entender como é possível aos estudantes terem simultaneamente uma cadeira elementar de Matemática e cadeiras como Química e Biologia apresentadas com um nível completamente diferente, acessível apenas a alunos dos últimos anos. Devia existir Química, Física e Biologia adaptadas as idades mais jovens do liceu, e as existentes seriam oferecidas nos dois últimos anos. Evitar-se-ia, deste modo, que muitos alunos saíssem do liceu desconhecendo certos assuntos imprescindíveis nos dias de hoje. E difícil aceitar que um aluno diplomado do liceu não saiba que a força é o produto da massa pela aceleração ou não saiba as consequências da inércia com a agravante de virem a fazer a vida num pais em que quase todas as pessoas conduzem um automóvel. Não compreendo como é possível, num mundo virado para a técnica, desconhecer a existência das reacções químicas, a fotossíntese, etc.

25.9 Livros de Texto

Foi uma surpresa para mim a enorme quantidade de livros de texto excepcionais existentes na América. Em particular na Matemática, abundam livros muito bons para todos os níveis do ensino secundário. No entanto, as publicações de Matemática em português, para os alunos do ensino bilingue, praticamente não existem. Tem havido tentativas de usar os livros das escolas de língua portuguesa, mas os programas, as orientações e os níveis são completamente diferentes. Os livros de matemática a serem usados terão de acompanhar de perto os do ensino monolingue, pois em qualquer altura os alunos podem fazer a transição do bilingue para o monolingue.

25.10 Ensino Obrigatório e Gratuito

O ensino no liceu é obrigatório e totalmente gratuito nos EUA. Embora o liceu nos países de origem dos estudantes seja obrigatório e gratuito até certa idade, a obrigatoriedade não conduz a quase nada pois muitos não vão à escola e tanto eles como os pais não são chamados à responsabilidade por esta falta. Já tal não sucede nos EU onde a obrigatoriedade não só é mais extensa em anos como também estabelece penas severas para os que não a cumprem.

Os dois sistemas, no entanto, conduzem a duas situações disciplinares completamente diferentes. Nos países de língua portuguesa o ensino, na prática não e obrigatório, como dissemos atrás, mas se o aluno não tiver procedimento correcto, pode ser suspenso, o que é bastante grave, pois acarreta facilmente a reprovação do aluno. A perda de um ano na vida académica é duma grande importância. No caso dos EUA a suspensão e, muitas vezes, de três dias. Se for exigida a presença dum dos pais para que o filho seja admitido, isto vai acarretar a perda de um dia de trabalho deste elemento. Afinal o castigado passa a ser o pai ou a mãe. Alguns alunos até ficam satisfeitos de estar três dias em casa, podendo aproveitar para ver filmes na televisão. Se o aluno for um prevaricador sistemático, não se importa nada com o castigo.

O ensino universitário não é obrigatório nem gratuito nos EU. Pelo contrário, é extraordinariamente caro. Considerando uma média de 8000 dólares por ano de propinas e comparando com uma média de 200 dólares para os países de língua portuguesa, vemos que aqui a situação e praticamente inversa em relação com o que se passa no ensino secundário.

Nos países de língua portuguesa, a perda de um ano no liceu ou na universidade significa mais um ano a necessidade da mensalidade dos pais e mais um ano de atraso na sua independência económica, visto começar também a trabalhar com o atraso de um ano. Os estudantes muito dificilmente conseguem ter empregos antes de diplomados e os poucos que o conseguem são muito mal remunerados. Logo, há pressa em acabar o curso, por razões económicas.

Nos EUA, os alunos ainda no liceu conseguem ter empregos sendo alguns bastante razoáveis. A universidade, em grande número de casos, é paga pelo próprio estudante. A perda de um ano não significa o atraso de um ano em obter a independência económica ou exigir dos pais mais um ano de sacrifício.

A possibilidade de ter empregos ainda como estudante do liceu representa, muitas vezes, uma ajuda importantíssima para certas famílias mas pode ter também um aspecto negativo, pois é um convite para colocar os estudos em segundo plano. Depois dos 16 anos a preocupação de muitos é comprar um carro para passear, mostrar aos amigos, sair com as namoradas aos fins - de - semana, tirar fotografias para mandar aos amigos que ficaram nos países de origem. Em contrapartida, o carro exige gasolina, seguro, conservação, etc. O estudante torna-se assim escravo do carro. Em primeiro lugar fica o trabalho, pois o carro está a exigi-lo; em segundo lugar ficam os estudos. Depois do trabalho, o corpo está cansado e o espírito preocupado com um grande número de problemas: trabalho, prestações a pagar, automóvel, fim-de-semana que passou, fim-de-semana que esta a chegar, escolha dos canais de televisão a usar em cada momento livre até hora de dormir. O estudo em casa fica esquecido. Grande percentagem de alunos limita-se a assistir às aulas, apenas! Alguns não assistem a todas as aulas. São autorizados a sair mais cedo para irem para o trabalho. Os livros ficam, em geral, no liceu. Para quê levá-los para casa?

A selecção é praticamente natural. O comboio é apanhado livremente, mas é também abandonado com a mesma facilidade. A selecção começa no liceu e continua na universidade.

26. Informação Profissional

Tenho ensinado em várias universidades desde 1959 até ao momento presente. Isto significa que estive ligado ao ensino desde os seis anos de idade até pelo menos ao momento presente em que conto 71 anos. Não estaria errado se dissesse que toda a minha vida foi dedicada ao ensino. Dos seis anos de idade aos 22 fui aluno e dos 22 até ao momento presente tenho sido professor. Durante estes 48 anos a ensinar fui simultaneamente aluno em alguns períodos. Assim, de 1974-1977, fui aluno de Engenharia Civil da Universidade de Coimbra. De 1977-1982 fui de novo aluno na Universidade de Boston tendo feito um segundo doutoramento em Matemática Educativa e Educação Bilingue...

Tenho ensinado em várias universidades desde 1959 até ao momento presente. Isto significa que estive ligado ao ensino desde os seis anos de idade até pelo menos ao momento presente em que conto 71 anos. Não estaria errado se dissesse que toda a minha vida foi dedicada ao ensino. Dos seis anos de idade aos 22 fui aluno e dos 22 até ao momento presente tenho sido professor. Durante estes 48 anos a ensinar fui simultaneamente aluno em alguns periodos. Assim, de 1974-1977, fui aluno de Engenharia Civil da Universidade de Coimbra. Quando me faltavam três cadeiras para terminar a minha licenciatura fui para os Estados Unidos da América, ficando o curso por acabar. De 1977 até 1982 fui de novo aluno na Universidade de Boston tendo tirado um segundo doutoramento em Matemática Educativa e Educação Bilingue.

26.1 O Ensino

A minha primeira licenciatura foi em Engenharia Geográfica e no ano seguinte, já a trabalhar como professor, terminei também a licenciatura em Matemáticas. Em 1966 fiz o doutoramento em Matemáticas Aplicadas na Universidade de Coimbra. Tive as seguintes classificações:

- Licenciatura em Engenharia Geográfica 17 valores
- Licenciatura em Matemáticas 18 valores
- Doutoramento em Matemáticas Aplicadas 18 valores

O Doutoramento em Matemática Educativa e Educação Bilingue foi obtido nos Estados Unidos de maneira que não há classificação para o doutoramento como sucede em Portugal.

Revendo as minhas classificações nota-se que comecei com notas baixas nos primeiros anos do Liceu terminando com a média de 18 no fim do Liceu. Nunca mais deixei de ter notas altas em todos os meus exames. Isto faz-me concluir que os resultados dependem apenas do aluno embora possa ser um pouco influenciado por um ou outro professor.

Também noto que as pessoas muitas vezes fazem juízo errado ao considerarem apenas parte da informação para tirarem conclusões sobre alguém. Relativo a este ponto vou-me referir a um aluno meu, na Universidade de Coimbra, que se encontrou com uma antiga professora que tinha sido também minha professora em Cabo Verde na época inicial do liceu. Como ela tinha também estudado em Coimbra falavam dos professores deste meu aluno e a certa altura ele disse:

> *Deve também conhecer o meu professor de Mecânica Racional pois é cabo-verdiano. Chama-se Salazar Ferro.*

A resposta da minha antiga professora foi:

> *Realmente tive um aluno em Cabo Verde com este nome, mas o teu professor não pode ter sido este. É outro de certeza.*

O meu aluno contou-me este episódio rindo do que considerou ser uma boa anedota.

Quando vim para os Estados Unidos, tive que procurar um trabalho, pois a família tinha que subsistir, mas o meu grande interesse eram os métodos de ensino usados nas escolas americanas. Durante certo tempo ainda matriculei-me em algumas cadeiras, mas vi que este sistema não me conduziria aos meus objectivos e tive de ir para um novo doutoramento na Boston University. Durante cinco anos que durou o meu doutoramento estive também na Brown University a trabalhar no treino de professores e ensinando matemática ao mesmo tempo noutra universidade. Recebi o meu segundo grau de doutor em 1982-83. No "Outstanding Dissertation Competition" em San Antonio, Texas, a minha dissertação foi premiada como sendo uma das sete melhores apresentadas durante um certo número de anos a que a competição se referia.

Embora tenha estudado e trabalhado em educação para viver, este campo representou muito mais para mim. Foi uma agradável experiência. Tenho contado os meus alunos como meus amigos. Não só aqueles que apanham boas notas, mas também os fracos. Tenho sempre um interesse particular para cada um, como indivíduo. Nas universidades americanas cujos estudantes têm as mais diferentes línguas e culturas, a minha experiência em educação bilingue tem sido um auxiliar precioso. Alguns professores costumam dizer que precisam duma aspirina quando ensinam certas classes. Eu costumo dizer que quando tenho uma dor de cabeça, a melhor "aspirina" que posso tomar é ensinar uma classe. Assim, lembro-me com saudades dos inúmeros alunos que tenho tido, da sorte e da honra de tê-los ensinado em universidades de Portugal Continental, Moçambique, Cabo Verde, Açores e Estados Unidos da América [ver *Curriculum Vitae* na página 217].

26.2 Reforma

A Cerimonia de reforma teve lugar na Universidade de Massachusetts em Boston. Fiquei reformado a partir de 15 de Junho de 2002 com a idade de 65 anos.

O Professor Barry Phillips referiu-se a mim da seguinte maneira:

On the retirement of Salazar Ferro

I want to talk about Salazar as a teacher, as a colleague, and as a friend.

Salazar has been a teacher for 43 years, longer than some in this audience have been a person. Teaching has been his calling fundamental to who he is. Anyone who doubts his engagement in teaching should hear what his students have to say.

Reviewing his course evaluations, as I did in preparing to talk about him today, I was struck with a mixture of awe, envy, gratification, excitement – and boredom. Every student says roughly the same thing. Not only is there an uninterrupted string of enthusiastic praise, but the same admiring words appear over and over again:

> *He offered profound patience... He showed patience and was very clear... He went out of his way to be helpful... Professor Ferro would drop what he was doing to assist you ... extremely helpful and patient ... never made you feel stupid ... made you want to learn and did not make you feel stupid when you were frustrated ... very patient ... patient and clear ... Prof Ferro made the*

class so enjoyable. He treated students with great sensitivity and provided support throughout the semester. I learned more than I dreamed . . . If you didn't understand something, he always took the time so you would . . . Every class he had a discussion of how we were doing . . . very patient . . . took the time to see that I understood the material before moving forward . . . made math a very interesting subject . . . really cares about his students . . . clear and concise . . . extremely patient with us . . . very clear and fair. His approach to teaching adults is just right . . . helpful in assisting me to use my prior experience to demonstrate the competency . . . so helpful and compassionate to the math illiterate . . . very interested in helping students . . . very patient and helpful . . . very helpful . . . interested in his students and goes out of his way to give them the time they need . . . amiable and caring . . . extremely helpful in working with the class; always willing to give a student time outside the class . . . Prof Ferro went out of his way to help me test out of the course . . . very helpful and patient with the class . . . very helpful . . . made math fun! . . .

You get the picture? – *Helpful, patient, caring, clear.* But let me allow a couple of more comments to sum up what Salazar has meant to those he has taught:

- *Mr. Ferro is a wonderful teacher. He takes the time to teach you whatever you need.*
- *Of all the instructors I've met, I was able to understand this instructor over any other. A+.*
- *The most important thing he gave us was confidence . . . Mr. Ferro is a role model for all other professors.*

I can personally attest to the care and clarity of his teaching. Early on in my career here, Salazar organized a small group of faculty who wanted to learn how to use Excel, and he worked with us over several weeks until we each knew it. I still hear echoes of his habitual response to a query: *Ahhh*, he would say, *a very good question, a vver-ry, vver-ry gooood question.* My colleagues and I benefited from a lot of the qualities identified by the students he was paid to teach. We too can say...

he is a wonderful teacher.

But I raise this Excel workshop less to underline Salazar's qualities as a teacher and more so to bring up the qualities that have made him a valuable member of the CPCS community – his willingness to always help whomever he could. Are there many others of us who have organized and taught a multi-session workshop for the benefit of colleagues?

Let me give another example of his helpfulness. About the time I was learning Excel from Salazar, I was chairing an ALM hiring committee. I assumed that the administrative support team for ALM and the General Center knew how to use a database and to type labels, and I gave instructions on how to handle the applications that we received. My assumption was incorrect. But I didn't learn that until after our search was completed. I didn't learn it because Salazar had come to the rescue of the secretaries... maintaining the database and even typing the envelope labels himself. The patient helpfulness that Salazar brought to his students he has also brought to any member of our community whom he could support.

His professional commitment was in clear evidence just last week, at our Public Advocacy Curriculum Group. As a sort of parting curricular shot, Salazar passionately urged that we need to restore mathematics to the curriculum. Students need to be able to handle numbers, he argued... a skill that they use for the rest of their lives. I was reminded of that argument a few days later when a graduating advisee of mine talked with great glee about catching a supermarket clerk overcharging her. She caught it right away, she said, because, despite her fear and loathing of math, Salazar had taught her how to use numbers in his Public and Personal Management course. "He's such a *sweet* man," she added.

And that's another thing that Salazar has brought to our community. Not sweetness only, but warmth, friendliness, kindness, courtesy, caring and helpfulness. If we were a high school graduating class, we would surely vote Salazar as the nicest person among us – and the most amiable.

It is these personal qualities that I have relished in my friendship with Salazar. In all my years here, I have never arrived at a door at the same time as Salazar where he didn't insist – *insist* – on holding the door and ushering me through first. I have rarely encountered him when he didn't offer a friendly pat on the shoulder or hand on the back. *"Do you mind if I come in"*, he would ask, and then we'd sit in my office and talk about the College, the curriculum, students, vacations, retirement – and, most enthusiastically, fishing. Whatever we talked about, I was always aware of the caring that framed his conversation. Particularly in that sense, the student who said that Salazar should be a role model for all faculty would be pleased to know that Salazar has been a role model for me. I have learned an awful lot from the way he is present in the world. I will hold on to that learning. But I will miss his conversations, his hand on my back, his caring friendship, his presence.

Salazar – my friend – thank you for all that you have given to our students, and all you have given to our community, and all you have given *me*. I know I speak for everyone here when I wish you the very best in the next course of your life.

In friendship,

Barry Phillips, May 29, 2002

Appendix A

Curriculum Vitae

NOME:	Salazar da Paixão Ferreira Ferro

EXPERIÊNCIAS:

ENSINOU NAS SEGUINTES UNIVERSIDADES:

Set 1982 – Presente	University of Massachusetts
Mai 1979 – Jun 1987	Brown University
Set 1979 – Dez 1979	Eastern Nazarene College
Jan 1979 – Mai 1979	Northeastern University
Set 1978 – Dez 1985	Massassoit Community College
Set 1977 – Jul 1978	Escolas Públicas de Boston
Mai 1974 – Mar 1977	Universidade de Coimbra
Out 1966 – Mai 1974	Universidade de Lourenço Marques
Out 1959 – Out 1966	Universidade de Coimbra

EDUCAÇÃO:

Ed.D., Educação em Matemática, Educação Bilingue, Boston University, Boston, 1982.

Ph.D., Matemáticas Aplicadas, Universidade de Coimbra, Portugal, 1960.

Licenciatura, Matemáticas, Universidade de Coimbra, Portugal, 1960.

Licenciatura, Engenharia Geográfica, Universidade de Coimbra, Portugal, 1959.

LÍNGUAS:

Português, Inglês, Francês.

ÁREAS DE INTERESSE:

Matemáticas, Matemática Educativa, Educação Bilingue,

Estatística, Investigação Experimental, Testes e Medições,

Programação de Computadores, Computadores em Educação.

LUGARES OCUPADOS:

Professor Catedrático

Universidade de Coimbra, 1977- 1982

Professor Extraordinário

Universidade de Coimbra, Mai 1974, Mar 1977.

Professor Auxiliar

Universidade de Coimbra, Out 1966, Set 1973

Segundo Assistente

Universidade de Coimbra, Out 1959, Out 1966.

NOTA:

De 1977 - presente tem ensinado em várias universidades dos EUA. Na Universidade de Massachusetts foi escolhido depois de ter ficado em primeiro lugar num concurso para professores em que concorreram à volta de 50 professores de várias universidades dos EUA e do estrangeiro.

DISCIPLINAS ENSINADAS:

Universidade de Massachusetts

(College of Public and Community Service)

Matemática I	1989 – 1993
Matemática I (Critical Skills Program)	1990 – 1993
Matemática II	1989 – 1993
Conceitos Fundamentais de Computadores	1989 – 1997

Conceitos Fundamentais de Computadores	
(Critical Skills Program)	1990 – 1996
Estatística	1991 – 1997
Coordenador da secção de testes de Matemáticas	1989 – 1991
Coordenador da secção de tutores de Matemáticas	1992 – 1993
Avaliador das seguintes competências:	
Matemáticas I	1989 – 1997
Matemáticas II	1989 – 1993
Conceitos Fundamentais de Computadores	1989 – 1997
Estatística	1991 – 1997
Programação de Computadores	1989 – 1997
Língua Portuguesa (quatro níveis)	1990 – 1997

Universidade de Massachusetts

(Departamento Bilingue e Inglês como Segunda Língua)

(Departamento de Matemáticas)

Computadores nas classes Bilingue e ESL	
(Bil/ESL)	1983 – 1987
Testes em Computadores nas classes Bil/ESL	1984 – 1993
Computadores no Desenvolvimento de curriculum	1985 – 1989
Instrução Assistida por Computadores nas	
Classes Bil/ESL	1986 – 1990
Métodos de Investigação em Computadores	
nas Classes Bil/ESL	1987 – 1993
Internet nas Classes Bil/ESL	1996 – 1997
Algebra Aplicada	1982 – 1983
Algebra	1982 – 1983
Introdução ao Cálculo	1982 – 1983
Cálculo I	1983 – 1985

Cálculo II 1983 – 1985

Universidade de Massachusetts

(Cursos para Professores)

O Computador nas Classes Bil/ESL 1985 – 1986

(Para professores das Escolas Públicas de Brockton)

Computadores Pessoais em Educação 1985 – 1986

(Para professores das Escolas Públicas de Vermont)

Computadores no Desenvolvimento de Curricu. 1985 – 1989

(Para professores das Escolas Públicas de Vermont)

Instrução Assistida por Computadores 1985 – 1986

(Para professores das Escolas Públicas de Vermont)

Pascal para professores, Escola de Educação da Universidade de Massachusetts 1986 – 1987

(Para professores das Escolas Públicas de Boston)

Métodos de Investigação em Computadores 1986 – 1987

(Para professores das Escolas Públicas de Vermont)

Eastern Nazarene College

Algebra Linear 1980 – 1981

Northeastern University

Algebra e Trigonometria 1979 – 1980

Cálculo I 1979 – 1980

Cálculo II 1979 – 1980

Massassoit Community College

Matemática para Técnicos I 1978 – 1983

Matemática para Técnicos II 1978 – 1983

Cálculo II 1981 – 1982

Estatística 1982 – 1983

Cálculo III 1982 – 1983

Computadores para Técnicos de Electrónica 1983 – 1984

Linguagem BASIC	1984 – 1985
Universidade de Coimbra	
Hidrografia (Engenharia Geográfica)	1973 – 74, 1975 – 76
Cartografia Matemática (Engenharia Geográfica)	1973 – 1974
Topografia Aplicada (Engenharia Geográfica)	1973 – 1974
Mecânica III (Engenharia Civil)	1974 – 1975
Fotografia Aérea (Engenharia Geográfica)	1974 – 1976
Fotogrametria (Engenharia Geográfica)	1974 – 1977
Métodos Quantitativos I (Economia)	1974 – 1977
Métodos Quantitativos II (Economia)	1974 – 1977
Mecânica I (Engenharia Civil)	1976 – 1977
Estradas I (Engenharia Civil)	1976 – 1977
Seminário em Matemática Educativa	1975 – 1977
Ensino da Matemática	1976 – 1977
Universidade de Lourenço Marques	
Cálculo e Probabilidades (Agronomia)	1966 – 1967
Matemáticas I (Engenharia e Matemáticas)	1966 – 1967
Mecânica Racional (Engenharia e Matemática)	1966 – 1971
Mecânica Racional e Teoria de Máquinas (Agronomia)	1967 – 68, 1968 – 69
Geometria Descritiva e Geometria Projectiva (Mat)	1967 – 68, 1968 – 69
Topografia (Engenharia Civil)	1969 – 1973
Topografia e Elementos de Geodesia (Agronomia)	1970 – 1973
Mecânica I (Engenharia Civil)	1970 – 1973
Mecânica Racional I (Matemáticas)	1971 – 1973
Mecânica Racional II (Matemáticas)	1971 – 1973

Matemáticas I (Biologia)	1971 – 1973
Matemáticas II (Biologia)	1971 – 1973

Universidade de Coimbra

Probabilidades Erros e Estatística (Engenharia)	1960 – 1961
Astronomia II (Engenharia Geográfica)	1960 – 1965
Mecânica Racional (Engenharia e Matemáticas)	1964 – 1966
Astronomia I (Matemáticas)	1964 – 1965
Geodesia (Matemáticas)	1965 – 1967

APRESENTAÇÕES, CONFERÊNCIAS:

The Internet and CPCS, Food For Taught, University of Massachusetts, Boston, 1997.

The Internet and Education, University of Massachusetts, Boston, 1997.

Internet Project, University of Massachusetts, Boston, 1977.

Self Assessment in Mathematics as a Placement/Advising Tool,

National Conference on Research in Developmental Education, October, 1996.

Computadores em Educação: Revolução no Curriculum

de Matemática, para professores das Escolas Publicas de Brockton, 1987.

Ensino da Matemática Usando Folhas de Cálculo Electrónicos, para Professores das Escolas Públicas de Boston, 1987.

Uso do "Software" de Gráficos no Ensino da Matemática, para professores das Escolas Públicas de Brockton, Brockton, 1987.

DESQview: Aumentado o Poder do seu Computador Pessoal (PC), para professores das Escolas Públicas de Brockton, Brockton, 1987.

Gráficos em Educação, para professores das escolas Públicas de New Hampshire, Keene, 1987.

Uso do Pacote Consersacional Estatístico para as Salas de Aula, para avaliar testes feitos pelo professor, para os professores das Escolas Públicas de New Hampshire, Keene, 1987.

Programa do Processamento de Palavras para Desenvolver Curriculum em Francês, para professores das Escolas Públicas de New Hampshire, Keene, 1987.

O Ensino de Pascal, Universidade de Massachusetts, Boston, 1986.

"Story Tree" na Leitura e na Escrita, Universidade de Massachusetts, Boston, 1985.

"Story Tree", DOS, e Testes Múltiplos, Universidade de Massachusetts, Boston, 1985.

Gráficos de Computadores e Educação, Universidade de Massachusetts, Boston, 1985.

Cultura Cabo-verdiana: Dr. António Gonsalves e Poetas Cabo-verdianos, Quinta Conferência Anual Cabo-verdiana, New England

Bilingual Education Multifunctional Support Center, Brown University, Providence, Rhode Island, 1985.

Instrução de Computadores para a Educação Bilingue, uma conferência para a Universidade em colaboração com as Escolas Públicas de Boston, Universidade de Massachusetts, 1985.

Computadores Pessoais nas Classes Bilingue/ESL, Universidade de Hartford, Hartford, Connecticut, 1984.

Computadores Pessoais e Avaliação nas Classes Bilingue/ESL, Universidade de Hartford, Hartford, Connecticut, 1984.

Apresentação da Dissertação, (como um dos vencedores da Competição das Dissertações Excelentes do National Advisory Council da Educação Bilingue), 13a. Conferência Anual Internacional de Educação Bilingue e Bicultural da Associação Nacional para a Educação Bilingue, Santo António, Texas, 1984.

Desenvolvimento de Curriculum, Teoria e Prática, Centro da Grande, Boston, Wellesley, Massachusetts, 1983.

Métodos e Materiais em Educação Bilingue, Brown University, Massachusetts, 1983.

Computadores em Educação, Departamento de Educação, Connecticut, 1983.

Desenvolvimento de Materiais e Publicação, Universidade do Maine, Orono, Maine, 1983.

Instrução Assistida em Computadores, Centro de Serviços de Educação Bilingue da Nova Inglaterra, Providence, Rhode Island, 1983.

Teste para Estudantes Bilingues, Escolas Públicas de Stoughton, Projecto do Título VII, Stoughton, Massachusetts, 1983.

Curriculum Development, Cambridge Public Schools, Cambridge, Massachusetts, 1983.

Developing Curriculum for Programs of Bilingual Education, Segunda Conferência Anual do Maine em Desenvolvimento de Biliteracia dos Estudantes, Departamento de Educação do Maine, Maine, 1982.

Culturas Portuguesa e Cabo-verdiana, Escolas Públicas de Pawtucket, Pawtucket, Rhode Island, 1982.

BINL: Administração e Classificação, Escolas Públicas de Stoughton, Projecto do Título VII, Stoughton, Massachusetts, 1982.

Cruzamento de Culturas, Brown University, Providence, Rhode Island, 1982.

Análise de Items, Centro de Serviços de Educação Bilingue da Nova Inglaterra, Providence, Rhode Island, 1982.

Avaliação e Insucesso, Escolas Públicas da Horta, Açores, 1982.

O Ensino da Matemática no Futuro, Sociedade Portuguesa de Matemáticas, Ponta Delgada, Açores, 1982.

Investigação Experimental, Universidade dos Açores, Ponta Delgada, Açores, 1982.

Métodos de Avaliação, Sociedade Portuguesa de Matemáticas, Ponta Delgada, Açores, 1982.

Preparação de um Professor nos Anos Oitenta, Universidade dos Açores, Ponta Delgada, 1982.

Bilinguismo em Cabo Verde e nos Estados Unidos da América, Primeira Conferência Anual Cabo-verdiana, Rhode Island, 1981.

O que o Futuro Oferece para os Programas Bilingues Cabo-verdianos,

10a. Conferência Anual Cabo-verdiana Internacional Bilingue Bicultural, Boston, Massachusetts, 1981.

Estradas: Fotografia Aérea e Terrestre, Departamento de Engenharia Civil da Universidade de Coimbra, 1976.

Fotografia Aérea e Urbanismo, Departamento de Matemáticas da Universidade de Coimbra, Coimbra, 1975.

Técnicas de Investigação Operacional, Departamento de Engenharia Civil da Universidade de Coimbra, Coimbra, 1975.

A Investigação Operacional na Solução de Alguns Modelos de Economia, Faculdade de Economia da Universidade de Coimbra, Coimbra, 1975.

Auscultação de Barragens por Fotogrametria Terrestre sem Restituição dos Pares Estereoscópicos, I Congresso de Mecanica Aplicada, Lisboa, 1974.

Sobre a Elaboração de um Projecto de Sondagem, II Congresso de Cultura Portuguesa, Moçambique, 1967.

Utilização da Baía de Lourenço Marques pelos Grandes Navios de Minérios, II Congresso de Cultura Portuguesa, Moçambique, 1967.

Investigação Operacional, Estudos Gerais de Moçambique, Lourenço Marques, 1967.

Aplicação da Programação Linear a problemas da Marinha, Instituto Nacional Superior Naval, Lisboa, 1967.

Aplicação da Investigação Operacional na Resolução de Problemas de Transporte, Primeiro Colóquio Nacional de Transportes, Lisboa, 1964.

PUBLICAÇÕES:

Redefinição do Ensino em Cabo Verde, Cimboa, A Journal of Letters, Arts and Studies, No.2, Spring 1997.

Um Povo Especial, Arquipélago, Revista de Opinião e Cultura, No. 25, Ano XII, Boston, Verão de 1997.

Educação Bilingue em Cabo Verde, Cimboa, Revista Cabo-verdiana de Letras, Artes e Estudos, No.3, Summer 1997.

Improving University Teaching: The Role of Computers and Spreadsheets in the Learning of Statistics.

Improving University Teaching. A New Approach to Teach Fundamental Concepts of Computers to Students With Computer Experience.

Teacher Recertification, Proposal, Brockton Public Schools, Brockton, 1997.

Spreadsheet Statistical Package for Industry and Education, SSPIE

Ano Propedêutico ou Décimo Sedundo Ano

Proposal: Reform of Education in Cape Verde. University of Massachusetts, 1994.

Language Influence on Mathematics Achievement of Cape-verdean Students, Boston University, Boston, Massachusetts, 1982.

Test Development, Educational Program for Teachers. Item Analysis.

Pôm Quente Intentóde, Arquipélago, Boston, 1995.

Reform of Education in Cape Verde, University of Massachusetts, 1994

Road to Excellence in Education, University of Massachusetts, CPCS, Boston, 1992.

Lembrando Eurico Wahnon no Quarto Aniversário da sua Grande Viagem, Cimboa, Revista Cabo-verdiana de Letras, Artes e Estudos, No.1, Summer 1996.

Jonas Wahnon e a Sua Terra Cabo Verde, Arquipélago, Revista de Opinião e Cultura, No. 24, Ano XI, Boston, Maio de 1996.

Language Influence on Mathematics Achievement of Capeverdean Students, Doctor Dissertation, Universidade de Boston, Boston, Massachusetts, 1982.

Sobre a Obtenção das Coordenadas Corrigidas em Fofografias de Satélites, Observatório Astronómico da Universidade de Coimbra, Coimbra, Portugal, 1976.

Cálculo Electrónico das Diferentes Fases do Projecto de uma Estrada, Universidade de Coimbra, Coimbra, Portugal, 1976.

Optimização do Tempo de Optimização, Observatório Astronómico da Universidade de Coimbra, Coimbra, Portugal, 1974.

Sobre um Processo Geométrico de Localização de Pontos pela Geodesia Espacial, Universidade de Coimbra, Coimbra, Portugal, 1974.

Triangulação por Placas de Fendas Radiais, Universidade de Coimbra, Coimbra, Portugal, 1974.

Ponto de Estrela por um Método Numérico, Bureau Hydrographique International, Monaco, 1974.

Orientação Relativa, Formação do Modelo, Universidade de Coimbra, Coimbra, Portugal, 1974.

Influência da Lua na Medição, com o teodolito, de Direcções Azimutais de Alta Precisão, Universidade de Lourenço Marques, Lourenço Marques, Moçambique, 1967.

Prospecção Geológica Orientada a Sextante em Regiões de Capim, Lagos, ou Regiões Alagadas, Universidade de Lourenço Marques, Lourenço Marques, Moçambique, 1967.

Trilateração Geodésica, Tese de Doutoramento, Universidade de Coimbra, Coimbra, Portugal, 1966.

Appendix B

Documentos Vários

B.1 The Outstanding Dissertations Award Competition

THE NATIONAL ADVISORY COUNCIL ON BILINGUAL EDUCATION

is pleased to announce that the Panel of judges for

THE OUTSTANDING DISSERTATIONS AWARD COMPETITION

Has selected the doctoral dissertation by

SALAZAR FERRO

as an outstanding dissertation in the area of bilingual education.

CHAIR, OUTSTANDING DISSERTION AWARDS COMPETITION — SAN ANTÓNIO, TEXAS

CHAIR, THE NATIONAL ADVISORY COUNCIL ON BILINGUAL EDUCATION — APRIL 5, 1984

B.2 Planning Committee hosting the Cape Verde/University of Massachusetts Collaboration

October 29, 1992

Dr. Salazar Ferro

CPCS, Applied Language & Math

University of Massachusetts/Boston

Dear Dr. Ferro:

On behalf of the Planning Committee hosting the Cape Verde/University of Massachusetts Collaboration, I would like to thank you for your participation in our very successful meetings on October 1 and 2, 1992. Since those deliberations we have received very positive feedback from the Cape Verdean Consulate and local community. Additionally, prior to leaving the country, Prime Minister Veiga and Ministers Chantre and Faustino stated that their most effective sessions occurred at the University of Massachusetts/Boston. They are looking forward to an early response from us following up on our discussions in those meetings.

I am, therefore, requesting that each of you draft a 3 5 page concept paper focusing on the most effective way you feel you might respond to the needs identified in our sessions. I would like to receive these drafts no later than November 11, 1992. After receiving your drafts we will prepare a final draft proposal from Umass to be delivered by Counselor Monteiro to Prime Minister Veiga on December 1, 1992 in Cape Verde.

In light of this, your thoughtful consideration on your particular contribution to our proposal is of extreme importance. Please also include an estimation of the resources required for the implementation of your proposal. Note whether these resources are currently within your unit or whether they must be acquired externally.

I look forward to receiving your draft concept proposal and working with you to develop this important project.

Sincerely,

Jemadari Kamara

Dean, CPCS

B.3 Recipient of a 1993-94 international development Fund Grant

UNIVERSITY OF MASSACHUSETTS

Professor Salazar F. Ferro

Dear Professor Ferro:

Congratulations on your selection as a recipient of a 1993-94 International Development Fund Grant. *Cape Verde/University of Massachusetts Nursing and Public Health Education Initiative* will play an important part in the University's endeavors to enlarge our international programs at home and abroad.

It was very encouraging, as evidenced by the twenty-eight proposals submitted, to see the level of faculty interest in international program development. I understand from the Faculty Review Committee that it was a very challenging assignment to select from so many meritorious proposals.

Again, congratulations upon receiving this award and best wishes for success with your grant.

Sincerely,

Fuad Safwat

Vice Chancellor for Academic

Affairs and Provost

B.4 Jornal *Voz Di Povo*

VOZ DI POVO, 13 de Outubro de 1984

CABO-VERDIANO HOMENAGEADO EM SAN ANTÓNIO, TEXAS

Numa competição de dissertações de doutoramento consideradas excelentes pelos respectivos júris (Outstanding Dissertations Competition 1984), levada a efeito nos EUA, e à qual podiam concorrer as pessoas que completaram os seus doutoramentos nos últimos quatro anos, o cabo-verdiano Salazar Ferro foi um dos sete vencedores.

A "National Clearinghouse for Bilingual Education" do Ministério da Educação dos EUA, informou que além de Salazar Ferro que se doutorou na Boston University, os outros premiados fizeram os seus doutoramentos nas seguintes universidades: New York University, Georgetown University, University of Houston, University of Florida, University of the Pacific e Northwestern University. Das sete universidades a Boston University foi a única universidade vencedora na Nova Inglaterra, onde se encontram a maior parte dos cabo-verdianos e portugueses.

Os sete vencedores foram homenageados no dia 5 de Abril num almoço integrado na Conferência Anual para Educação Bilingue efectuado em San António, Texas. Depois de apresentados publicamente foram-lhes entregues certificados de reconhecimento. Na parte da tarde os homenageados apresentaram as sete dissertações de doutoramento, seguindo-se um período de questões apresentadas pelos presentes constituídos na sua grande maioria por professores e alunos que estão a preparar dissertações de doutoramento.

Várias organizações e agências do Ministério da Educação dos EUA estão a anunciar os vencedores nos seus boletins, jornais e publicações.

Ao fazer a apresentação da sua Dissertação que tem como título "Language Influence on Mathematics Achievement of Capeverdean Students", Salazar Ferro começou por explicar, que o trabalho dizia respeito aos estudantes cabo-verdianos e perguntou aos presentes se já tinham ouvido falar de Cabo Verde. Só um respondeu afirmativamente. Depois duma breve apresentação de Cabo Verde e antes de começar a apresentar a sua dissertação, Salazar Ferro disse que a comunidade cabo-verdiana era bastante pequena não chegando a somar um milhão, razão por que os cabo-verdianos sentem o sucesso de cada um dos seus membros como se fosse da própria comunidade. Devido a esse facto sentia-se duplamente feliz com o resultado da competição. Também era motivo de grande satisfação a dissertação falar de Cabo Verde e dos jovens cabo-verdianos.

Na sessão de abertura da Quarta Conferência cabo-verdiana, que se realizou no dia 13 em Providence, o Professor Nelson Vieira, da Brown University, referiu-se no seu discurso de abertura à Competição das Dissertações Excelentes, tendo felicitado Salazar Ferro pelo resultado alcançado. Ao usar da palavra, Salazar Ferro disse que, sendo um emigrante recente, se sentiu bastante satisfeito quando foi homenageado no Texas durante um almoço com aproximadamente 450 pessoas, mas que naquele momento, embora estivessem presentes apenas cerca de 100 pessoas, se sentia muito mais satisfeito, pois estava na presença dos seus amigos e do seu povo.

Este é o segundo doutoramento de Salazar Ferro, que fez os seus estudos liceais em S. Vicente no antigo liceu “Gil Eanes”. O primeiro foi obtido em 1966 na Universidade de Coimbra, Portugal, onde foi professor durante 25 anos. O segundo doutoramento, que lhe valeu a distinção atrás referida, foi efectuado em 1982 na Boston University, EUA.

Salazar Ferro visitou Cabo Verde no último mês de Janeiro, onde esteve a trabalhar com os professores cabo-verdianos.

Appendix C

Cartas de Referência

C.1 Universidade de Coimbra

Boaventura de Sousa Santos

Prof. Salazar da Paixão Ferreira Ferro

For the past two years, Prof. Salazar Ferro has been teaching Mathematics in the Faculty of Economics of the University of Coimbra. He has also been in charge of the Mathematics Section of our Faculty, taking full responsibility for the planning and coordination of the teaching and all other activities in that Section.

Owing to his remarkable scientific-pedagogical qualities, which have granted him the difficult art of arousing in the students of Economics a great deal of interest for the discipline of Mathematics, Prof. Ferro has justly earned prestige and esteem among our students.

As a coordinator and departmental chairman, Prof. Ferro's efforts have resulted in a well-structured and efficient Section of Mathematics.

We are deeply grateful that he has managed to combine, with ease and competence, his duties as a professor in the Faculty of Science and Technology at the University of Coimbra with his most needed collaboration with our Faculty.

Furthermore, Prof. Salazar Ferro's qualities as a fair, generous, and concerned human being, his open-mindedness, and his receptivity to new ideas, always makes it both a pleasure and an advantage to work with him.

Coimbra, 2 de Dezembro de 1997

The President of the Administrative Committee of the School of Economics

Boaventura de Sousa Santos

C.2 Brown University

Adeline Becker

New England Bilingual Education

Multifunctional Support Center

Dr. Salazar Ferro is one of the leading scholars in the growing field of computers in education. His considerable expertise coupled with his extensive technical assistance efforts over the past five years were instrumental in establishing exemplary computer programs in school districts throughout New England.

Dr. Ferro's ability as a teacher trainer as well as his state-of-the-art knowledge of computers make him an outstanding candidate for a position in computer education. His reputation in the field has earned him the well-deserved recognition as one of New England's most knowledgeable and respected computer trainers. He has always proved to be creative, reliable, and patient in his efforts to train hundreds of educators in the diverse uses of computers for classroom instruction.

For these reasons, I wholeheartedly recommend Salazar Ferro for a teaching position in computer education.

Adeline Becker

Director

C.3 Boston University

J. Franklin Fitzgerald

October 18, 1982

To Whom It May Concern,

Salazar Ferro completed all requirements for his doctoral degree at Boston University on October, 1982. He was under my tutelage for program advisement and for the dissertation.

The faculty found Salazar to be an outstanding student relative to scholastic ability, motivation, and personality. He took advanced courses in his program with understanding of their purpose, with dedication, and with great success. His two comprehensive examinations for the degree were of high quality; thus showing both comprehension and integration of knowledge.

Salazar has a personality that enables him to relate to his peers. He is pleasant, perceptive, and understanding of others. He will take the initiative in situations, but in a manner that is not challenging to others. He is able to relate to others quite easily.

Salazar is well prepared to teach mathematics, mathematics education and computer science to undergraduate students, and mathematics education to graduate students. He has studied bilingual education and his dissertation was on the effect of the native language in learning mathematics. Hence, he has a broad perspective on mathematics education and will especially excel in situations where mathematics education is developing.

As such, I highly recommend Salazar Ferro for a position in mathematics education. His formal training, motivation, as well as his professional experiences give substantial evidence that he will be excellent as a teacher, as an innovator of new programs, and as a leader.

I would be pleased to discuss his potential further by correspondence or telephone.

Sincerely,

J. Franklin Fitzgerald

Associate Professor of

Mathematics Education

C.4 Ministério das Comunicações Gabinete de Estudos e Planeamento de Transportes Terrestres

Luís Guimarães Lobato

INFORMAÇÃO

O Dr. Salazar da Paixão Ferreira Ferro tem vindo a prestar a sua colaboração ao Gabinete de Estudos e Planeamento de Transportes Terrestres, desde Janeiro de 1962, integrado num grupo que se vem preocupando com a resolução de problemas de transportes através de métodos de investigação operacional. A sua colaboração tem-se traduzido fundamentalmente no apoio matemático necessário à elaboração de modelos de transportes, através do estudo das técnicas de programação linear e sua aplicação a problemas concretos, da utilização de um método gráfico (que idealizou e se supõe original) e do estudo das funções de produção e da teoria dos gráficos.

Na colaboração prestada mostrou sempre possuir excepcionais qualidades de trabalho e de inteligência, a par de uma sólida formação científica e de singular vocação de investigador, tendo também demonstrado um elevado grau do sentido de responsabilidade perante as tarefas que lhe foram cometidas.

Lisboa, 29 de Abril de 1964

O PRESIDENTE DO CONSELHO DIRECTIVO

Luis Guimarães Lobato

C.5 Title VII Bilingual Programs

Emile J Lagrandeur

August 1, 1986

To whom it may concern:

Doctor Salazar Ferro was contracted during the school year 1985-86 to provide training to the Franklin Northwest Title VII Bilingual Staff. He taught three courses in the uses of computers in bilingual education. I was extremely pleased with the results of his teaching.

I found that Doctor Ferro was extremely well prepared for his classes, presented his subject in a methodically manner, and was sensitive to the needs of the students. He individualized his lessons to meet both the needs of the student and the needs of the project. He willingly answered the questions raised by the students and provided direction for further development of the students' interest.

Doctor Ferro also took time to discuss with me the progress of the students, the direction in which the training should be continued, and his perception of the additional needs of the students. These timely discussions provided me with information which was useful in making decisions on the continuation of training and the expenditures of funds. As one student wrote on her evaluation, "Doctor Ferro makes you learn in spite of yourself". His hands-on approach to teaching the uses of computers stresses the practical applications while learning the theoretical foundation.

I would be most happy to have him continue teaching courses for the Title VII Bilingual Program and its staff.

Emile J. Legrandeur

Project Director

C.6 Brown University II

Nelson H. Vieira

To Whom It May Concern:

Having known Dr. Salazar Ferro since 1979 when he first came to Brown University as a staff member of the *Center for Portuguese and Brazilian Studies*, I am very happy to recommend him. Dr. Ferro is one of the most resourceful, accomplished, and well-prepared scholars in his field of computers in education.

During his period at Brown, he became the Center's primary resource person for computer education. Besides training our staff, Dr. Ferro has provided workshops for teachers throughout the New England area. Moreover, his efforts as a teacher trainer in computer education have resulted in his being recognized as one of the most knowledgeable in his field.

In addition to his technical expertise and responsible nature, Dr. Ferro is an individual of immeasurable energy and capabilities. His willingness to take on any project and complete its objectives with thoroughness and skill makes him a scholar and teacher who will be an important asset to a program in computer education. His record attests to his skills as an effective trainee as well as his mastery of the field. He commands the respect of all my colleagues in the Center, not only due to his academic accomplishments, but as a dedicated and mature individual whose professionalism is beyond reproach.

In short, I recommend him most highly, knowing that he will excel in all of his endeavors.

Sincerely,

Nelson H. Vieira

C.7 Boston University II

J. Franklin Fitzgerald

January 30, 1984

Outstanding Dissertation Competition

c/o National Clearinghouse for Bilingual Education

To Whom It May Concern:

Dr. Salazar Ferro has addressed a problem that is central to bilingual education: *does bilingual education enhance learning* - that is, what is the relative mathematics achievement of native Capeverdean students in the United States who receive instruction only in the English language, in a mixture of Portuguese and English, and in a mixture of Capeverdean and English? The study seems to be a first for this important question. It found that students receiving a mixture of both Capeverdean *and* English forms of instruction achieved higher results on mathematics units than did those who received instruction within the other combinations. This provides convincing evidence that bilingual education is important to non-English native speaking children and, in particular, to Capeverdean speaking children. Their native language is more appropriate for instruction than the imposed Portuguese one.

To gather data towards the analysis, Dr. Ferro performed a comprehensive experimental study. He carefully controlled the variables of teacher influence, unit length, and sample sizes in order to enhance generalizability. Subjects from three teachers in both urban and suburban settings were used. The treatment occurred over a large period of time and with more classes than is usual for doctoral studies. The three treatments were applied to the three groups, and achievement data on three content areas were gathered in a pretest-posttest design. Using the pretest information and checking the normality of the posttest data, he was able to use a factorial design to analyze the data. The resulting statistics were significant to where he followed up with the Sheffe multiple comparison method to check for pair-wise significance. This method is considered superior to using a t-test as is done by many researchers who have little background in statistics. The results were that bilingual instruction was helpful, and that the use of the native language was better than using an imposed alternative. Since the conditions were correct through the appropriate control of variables, Dr. Ferro was able to further check the relative achievement of both male and female students, the interaction of treatment and content, and the relationship of achievement to thirteen independent variables. The latter was done with a step-wise multiple regression.

The resulting dissertation is the outcome of this high quality work. Firstly, he prepared himself with research design courses as well as statistics through multivariable analysis. This is a much higher level of research preparation than is found in all but a few doctoral students. He was very careful in controlling teacher influence, sample size, and comprehensive treatment. The latter was done by writing his own materials and piloting the entire study prior to collecting the data from which the dissertation was written. His statistical treatment of the data is superb. Finally, his dissertation is well written in English even though it is not his native language. I recommend his work for consideration in the Outstanding Dissertation Competition.

Sincerely,

J. Fraklin Fitzgerald

Associate Professor of Education

C.8 Massachusetts Institute of Technology

Donaldo P. Macedo

To Whom It May Concern:

I welcome this opportunity to recommend Dr. Salazar Ferro for the position he is applying for at your institution. Nothing could give me greater pleasure than to be able to recommend someone who has impressed me both for his extraordinary human qualities and intellectual depth.

I have known Dr. Ferro for many years. During this time I have observed his commitment to education and witnessed his genuine interest in acquiring a thorough grasp of his field of study. I have been extremely impressed by the level and scope of Dr. Ferro's scholarship. His academic work has demonstrated both breadth and original synthesis of ideas and concepts.

As a person, Dr. Ferro is congenial and responsive to the needs of other people. I have no doubt that he will be a major asset to your department.

In closing, I would like to reiterate my full respect and confidence in Dr. Ferro's background and character. I most enthusiastically recommend him without qualification.

Sincerely,

Donaldo P. Macedo

Visiting Scholar

Appendix D

Publicações em Revistas Culturais

Um Cabo-verdiano pelo Mundo, Cabo Verde - Europa - África - América, Alguns Pormenores da Sua Vida, Editora, Taunton, 1997.

Educação Bilingue em Cabo Verde, Cimboa, Ano 2, No.3, Verão de 1997.

Redefinição do Ensino em Cabo Verde, Cimboa, Ano 2, No.2, Primavera de 1997.

Lembrando Eurico Wahnon no Quarto Aniversário da sua Grande Viagem, Cimboa,

Ano 1, No.1, Verão de 1996.

Jonas Wahnon e a Sua Terra Cabo Verde, Arquipélago, Ano XI, No.24, Boston,

Maio de 1996.

Pôm Quente Intentóde, Arquipélago, Ano X, No.23, Boston, Dezembro de 1995.

Vuzinha, Arquipélago, Ano VIII, No.20, Boston, Maio de 1993.

Uma Amizade Cimentada ao Longo de 35 Anos, Farol, Vol 2, No.18, Fevereiro de 1993.

Colá San Jon, Arquipélago, Ano VII, Nos. 17-18, Boston, Maio de 1992.

Saúde, Amor e Dinheiro, Farol, Vol 2, No.10, Junho de 1991.

Se Querem o Poço que o Venham Buscar, Farol, Vol 2, No.11, Agosto de 1991.

O que Poderemos Fazer pelos Nossos Filhos, Farol, Vol 2, No.8, Fevereiro de 1991.

Sê o Farol da Minha Vida, Farol, Farol, Vol 2, No.1, Dezembro de 1989.

Appendix E

Palavras de Jonas Wahnon, Pai da Minha Mulher

Como se eu fora teu verdadeiro Pai, que tanto de ti se orgulhava, cabe-me, como ele o faria neste momento festivo e solene, abençoar-te e abençoar o Doutoramento que vindes de alcançar neste grande País, tal, aliás, como o fizeras, em anos anteriores, na Universidade de Coimbra, onde, recentemente, foras, por Lei, galardoado com o alto e honroso título de Catedrático. Por todos esses belíssimos acontecimentos, é com a maior das satisfações que te felicito, Salazar, desejando-te saúde, longa vida, muitas felicidades e prosperidades, votos que, do coração, torno extensivos à Lutcha e aos meus netinhos, Paulo e Miguel, a todos pedindo que aceitem meus parabéns.

Deus seja sempre convosco!

26/5/82

Jonas Wahnon

Appendix F

Às Mães da Minha Vida

Presto hoje homenagem às Mães da Minha Vida.

Seguindo a ordem cronológica, o meu pensamento vai para a minha avó, a Mãe da minha mãe, que sempre vi sorridente, um espelho de bondade. Seguem-se a Mãe da minha mulher, que sempre se mostrou carinhosa como se fosse a minha verdadeira mãe; a minha Mãe, protectora da minha infância e que se tornou amiga incondicional; a minha mulher, Mãe dos meus filhos minha amiga querida e inseparável desde os 13 anos de idade e com quem tenho partilhado tudo o que Deus nos tem reservado; a minha nora, Mãe do meu neto, filha querida dada por Deus.

Estas são as Mães da minha vida, as Mães que tenho abraçado com carinho no eterno rodar da roda da vida e que hoje ponho juntas num único e apertado abraço, estas são as Mães cujas imagens fazem-me ver em todas as outras Mães as rosas deste grande jardim que me enternece ao pensar em tudo de bom que virá delas como Mães, como se fossem uma das Mães da minha vida.

Que Deus proteja a todas elas.